基金项目：2020年度浙江省哲学社会科学规划课题青年课题“浙江未来社区未来场景的传播体系研究”（编号：20NDQN312YB）。

本书的出版由浙江树人学院中国文化阐释与传播研究中心资助。

未来乡村
传播探索与实践
创意策划教学案例作品集

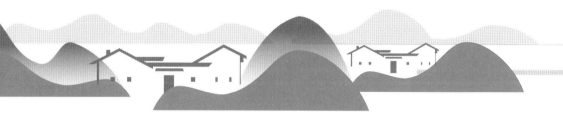

叶 菁 编著

ZHEJIANG UNIVERSITY PRESS
浙江大学出版社
·杭州·

图书在版编目（CIP）数据

未来乡村传播探索与实践：创意策划教学案例作品集/叶菁编著.—杭州：浙江大学出版社，2023.5
ISBN 978-7-308-23636-2

Ⅰ.①未… Ⅱ.①叶… Ⅲ.①农村—社会主义建设—案例—浙江 Ⅳ.①F327.55

中国国家版本馆CIP数据核字（2023）第064412号

未来乡村传播探索与实践：创意策划教学案例作品集
叶　菁　编著

责任编辑　许艺涛
责任校对　傅百荣
封面设计　十木米
出版发行　浙江大学出版社
　　　　　（杭州市天目山路148号　邮政编码310007）
　　　　　（网址：http://www.zjUpress.com）
排　　版　浙江时代出版服务有限公司
印　　刷　杭州高腾印务有限公司
开　　本　787mm×1092mm　1/16
印　　张　21
字　　数　301千
版 印 次　2023年5月第1版　2023年5月第1次印刷
书　　号　ISBN 978-7-308-23636-2
定　　价　88.00元

序

　　2019年，浙江省政府工作报告首次提出"未来社区"概念，并出台《浙江省未来社区建设试点工作方案》，对未来社区的内涵、目标作出阐释，并启动建设试点。2021年，浙江省发布了《关于开展未来乡村建设试点的指导意见（征求意见稿）》《浙江省未来乡村建设导则（试行）》等未来乡村建设指导文件，并于2021年9月底推出第一批未来乡村建设试点。城市发展未来社区，农村建设未来乡村，这是在浙江高质量发展建设共同富裕示范区的背景下，从城市到农村的一种延续性发展策略。"未来社区"是以人本化、生态化、数字化为价值导向，打造未来邻里、教育、健康、创业、交通、低碳、建筑、服务和治理等九大场景为引领的新型城市功能单元。而"未来乡村"是以融合化、数字化、人本化、生态化、共享化为价值取向，打造未来产业、风貌、文化、邻里、健康、低碳、交通、智慧、治理、党建等十大场景，呈现未来元素、彰显江南韵味的乡村新社区。无论是"三化九场景"，还是"五化十场景"，两者的价值理念和根本目的基本一致，均为浙江省建设共同富裕现代化的基本单元与建设"细胞"。"未来社区"是"未来乡村"的引领者与探索者，"未来乡村"则是未来社区在乡村地域延展的践行者与开拓者。

　　"未来社区"的传播体系研究，与"未来乡村"的传播系统构建，两者具有一定的相通性。"未来社区"的基本理念是社区品牌传播的根本出发点与价值目标，"未来社区"的每一个场景是社区传播的物质基础与内容载体。尤其新媒体可通过强有力的媒介沟通与社交传播，加强未来社区居民的沟通与联结，建立人与人之间的沟通，促进各大未来场景的实现与服务效率；同时，新媒体作为"未来社区"的宣传手段，通过媒介宣传、事件营销、广告宣传、推销推广、公共关系、网络传播、活动策划等方式，来促成传播效应，将"未来社区"的品牌与价值观尽可能广泛地予以传播。

　　这种模式也普遍适用于"未来乡村"的传播；同时，"未来乡村"也具有一定的特殊性。乡村的"未来产业"无论在外延上，远远超过社区的"未来创业"场景，且乡村的"未来风貌"在概念上也广于社区的"未来建筑"。因此乡村的发展不局限于美好生活场景的营造，更强调产业的发展与提升，以及乡村整体的对外品牌输出。因此在"未来乡村"的传播系统中，首先需要构建与风貌、文化、邻里、智慧、交通等密切勾连的总体品牌，其次需要从媒体运营的角度考虑公益性、娱乐化、文化感的活动输出，进而需要在各维度的产品如民宿、农特产品、文创衍生品、旅游打卡点等单项项目中实施精细化考虑与传播策划赋能。

基于此，我们将这些思考与课程、竞赛进行三者联动，在教学实践转化过程中，以"创意策划"课程为平台，以浙江省大学生乡村振兴创意大赛为契机，通过"科研＋教学＋竞赛"的模式，鼓励引导学生以课程绩效的方法产出未来乡村建设中的真实成果。

"创意策划"是浙江树人学院人文与外国语学院新闻传播系的核心专业课程之一，以传播策划与创意实践为主要教学方向，授予对象主要包括新闻学、网络与新媒体两个专业的学生。课程产出方面，以学生参加浙江省、绍兴市乡村振兴大赛并取得成绩为重要的绩效衡量标准。自浙江省第一届大学生乡村振兴创意大赛开办以来，课程孵化了一些优秀的学生作品，相关老师也在学院内其他专业参与竞赛指导，获得过省赛、市赛和校赛一等、二等、三等多个奖项，积累了一定的案例基础。本书选择其中 12 个优秀作品进行编撰，分别归属于未来乡村建设的四大类型——乡村文旅融合与品牌规划、乡村品牌节庆与活动传播、乡村民宿品牌传播与运营、乡村产业提升与产品营销，以此作为该课程的实践案例类教材。

2022 年 11 月 杭州

目 录

I

乡村文旅融合与品牌规划

山海之涧，神龙之乡

——尚田街道体验式旅游规划

选题来源："农信杯"第三届浙江省大学生乡村振兴创意大赛—招标村—产业创意类

项目负责人：浙江树人学院　人文与外国语学院　2018级网络与新媒体专业　刘可欣

团队成员：王　瑶　胡程辉　俞一帅

指导教师：叶　菁　赵　芮

获奖信息："农信杯"第三届浙江省大学生乡村振兴创意大赛主体赛二等奖

一、基础调研

（一）区域概况

地理位置：浙江省宁波市奉化区尚田街道位于宁波组团式大都市最南端。北界西坞街道，东南与莼湖镇接壤，南邻宁海县，西接大堰镇、溪口镇，北为奉化市区。

山水小镇：全镇面积154.64平方千米，人口34655人，42个建制村，耕地20.67平方千米，山林114平方千米，地形以低山缓坡为主，坐落横山水库，田园风光秀丽，乡风民风淳朴。

已有荣誉：2018年9月，尚田镇入选农业产业强镇示范建设名单。曾获得"宁波市六好乡镇党委""省教育强镇""省体育先进镇""宁波综治先进镇""宁波东海文化文明镇"等殊荣。

政策支持：2019年8月5日中国文化和旅游总评榜在嘉善县西塘镇顺利揭榜。宁波市奉化区成功入选中国特色研学旅游目的地，成为宁波市唯一入选的行政区域。

（二）特色资源

非遗布龙："中国布龙之乡"。当地制作和舞布龙已有800余年历史，是国家级非遗项目。

尚田草莓："中国草莓第一镇"。尚田街道拥有万亩草莓基地，草莓个大味甜、色泽红艳、营养丰富，深受广大游客喜爱，拥有草莓"购销中心""农民草莓协会"等。

尚田鳗竹："浙江鳗竹之乡"。尚田鳗竹也叫"奉化水竹"，是本地乡土竹种，拥有无公害优质鳗竹基地7000多亩。

（三）现有问题

规划缺位：尚田在文旅方面缺乏体系化的策划与规划，整体开发水平比较低下。

同质竞争：当地文旅模式与文旅产品主要依托简单模仿，导致同质竞争。

产品落后：大多旅游产品按照投资者或农户自己的意愿来打造，不能匹配市场需求变化。

人才缺乏：开发经营管理人才缺乏，人才培训与高素质专业人才引导方式需进一步突破。

资金不足：民营企业资金短缺，政府政策资金有限，盈利模式与融资模式尚不清晰。

总结：当地缺少文旅规划，布龙产业缺乏统筹发展，草莓农创园未深度开发，鸣雁、鹊乔、王家岭等联合村缺少规范化运营，且皆宣传力度小，资源未得到有效利用。

（四）市场分析

1. 研学体验市场分析

市场概况：研学旅行作为一种将教育活动与旅游体验合二为一的新兴游学形式，越来越受到中小学校的重视及青睐。自 2013 年以来，国内关于研学旅行的政策发布日渐密集。多个政策出台提供了行业发展利好，而行业也正迎接不断扩充的市场。2018 年我国研学旅行机构数量达 12000 家，逐渐由政府主导转向由企业主导，市场规模不断扩大，市场潜力巨大。

市场主体：中小学生。

市场规模：2018 年国内研学旅行人数达到了 400 万人次，市场规模达到了 125 亿元，人均消费 3117 次 / 元。

市场优势：国家政策扶持力度大、总体市场发展空间大、研学旅游产业链逐步完善、国内研学旅游资源价值高。

2. 农耕体验市场分析

市场概况：农耕体验意指利用田园风光、自然资源及环境，以结合农林渔牧生产、农业经营活动、农村文化及农家生活之体验为目的的农业经营活动，将农场变身为一种教学实践资源，增强孩子对农业的概念与喜好。在休闲农业和乡村旅游政策利好趋势可期的背景下，农耕体验旅游日益得到受众认可，具有很大的开发价值。

市场主体：青少年、亲子。

市场规模：截至 2019 年，有"农家乐"150 万家，休闲农业园区 1.8 万个，接待游客 4 亿多人次。

市场优势：需求发展快且效益高、受众不受年龄限制、市场潜力充足。

3. 艺术休闲体验市场分析

市场概况：2018 年 10 月在杭州召开的第九届世界休闲大会达成这样的共识：21 世纪，以休闲、旅游、娱乐、健身、艺术、文化传播等为主的"休闲经济"，将名副其实地成为世界支柱产业，但涉及的面较广，统筹政府和市场需要，解决土地、资金、资源问题，让政府、农民及投资商三方满意，是一个长期过程。

市场主体：上至幼儿、下至老年人，受众范围广。

市场优势：受众范围广、集客能力强、消费滞留时间长、能够带动其他产业消费。

4. 当地旅游市场环境

奉化旅游景区：溪口雪窦寺、蒋介石故居、商量岗、滕头景区、黄贤景区、大堰镇……

这些景区大部分已规范化运营，且发展前景好，全年游客众多，络绎不绝，极大程度上带动了当地经济。旅游旺季一般集中在夏季暑期。

二、任务要求

因地制宜，结合当地特色，规划文旅产业，活化非遗布龙，做好非遗产业化、草莓及鳗竹产业，加大宣传力度，放大品牌拉动功能，使资源得到有效利用。

三、策划内容

（一）策划概述

综合当地文化背景、发展意向，本团队借助"新农村建设"计划，以实现产业化价值为重要目标，包装、培育乡村文化。具体措施以体验式文旅为动向，以布龙为IP，以构建研学、田园、休闲三种生活体系为目标，针对不同市场主体差异化设计三条路线：非遗研学体验游、莓好农耕体验游、艺术休闲体验游。每条路线包含不同时长的体验游项目。在此过程中，使一、二、三产业联动发展，与吃住游购学相结合，成为展示当地文化资源的窗口、拉动当地经济的强力引擎，并改造街道景观小品，添加情景化游憩节点，从而使当地文创、研学多业态融合，促进当地文旅产业升级和发展。

（二）基本理念

1.理念细分：

精心策划，科学规划，建设具有特色文化内涵的农文旅项目基地。

突出特色，创建品牌，以丰富的农文旅活动形式和产品吸引游客。

培养人才，科学运营，以良好服务和现代化管理促进项目成长。

2.价值主张：提供休闲文化旅游的载体，为农村居民带来收益，为运营企业提供商机，为政府解决问题，形成多方共赢的局面。

3.盈利模式：民宿＋餐饮＋文创＋农特产品销售＋中介服务收益＋特色活动。

（三）基本原则

1.充分发挥当地特色资源；

2.尽可能实现全镇全覆盖；

3.以体验为抓手形成体系；

4.以节庆为线索带动产业。

（四）品牌定位

品牌表述：

在非遗人文中感受龙魂，

在山海田园处遇见莓好，

在茂竹溪泉间探寻生活，

来吧，

赴一场山海龙田的美丽乡约，

山海之涧、神龙之乡。

品牌建构：

品牌建构，如图 1-1 如示。

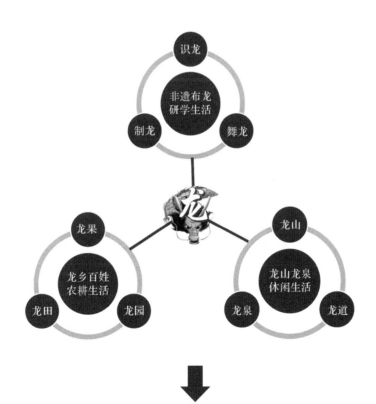

图 1-1　品牌建构

（五）内容规划

1. 非遗研学体验游——非遗布龙研学生活

背景条件：奉化布龙文化源远流长，尚田一带更是与舞龙艺术颇有渊源。先人舞龙，得以"活龙活现"之美誉。2008 年，奉化布龙被列入国家非物质文化遗产名录。它既是一项体育运动，又远远超出体育运动层面，那是中华民族凝聚力量、世代相传的精神图腾。

基本思路：本团队采取"非遗 + 扶贫"模式，以布龙馆为依托，为该项"非遗"量身定制研学项目，旨在利用非遗和旅游产业良性互动新形势、大众的社会文化消费追求，活化非遗，助力精准扶贫，改善当地经济质量。同时让大山里的"非遗"走出去，使创新活力引进来，使之真正成为具有广泛影响力的中国文化符号。

整体布局：以布龙馆为中心点，向周围民宿、休憩点辐射，供游客休闲娱乐。

重点项目：布龙馆、伏龙客栈、卧龙公园、龙舞竹海休闲吧。

（1）布龙馆

◎ 现况

条宅村位于尚田街道西南部，地处大雷山脚下，环境优美，空气清新。四面环山，村边一条小溪蜿蜒而过，鳗竹资源丰富。布龙馆就位于条宅村村口。现未投入使用，且结构单一、功能分区不明确，风格落后，缺乏设计性，缺少装饰。

◎ 功能分区

——学堂区

学堂区作为传道授业解惑的区域，为学徒讲述布龙文化的前世今生，书面教授布龙的制作过程。开设书画课堂，学徒们可在扇面上绘画各式各样的布龙，也可以描摹"龍"字，如图 1-2 和图 1-3 所示。

——展览区

展览区放置布龙文化的历史资料，"五代龙"的演进过程，历年来舞龙队在全国各地乃至国外的参赛照片，布龙的制作材料说明等等。展厅上方悬挂龙头龙尾，营造氛围。

图1-2　扇面绘画作品

图1-3　"龍"字作品

——制作区

非遗活化应结合现实环境来提升手工的技艺发展，满足当下与时俱进的设计创新要求，而不是仅仅局限于落后呆板的技艺传承。学徒可在该区域亲手制作布龙手工艺品（见图1-4）。

图1-4　布龙手工艺品

——纸龙

材料：木签两根、双面胶、龙身拉花、模切配件。

小纸龙的外形酷似真实的布龙，制作简易，携带方便（见图1-5）。

图1-5　纸龙作品

——布扎

材料：棉布、丝线、艾叶。

布扎制作工艺讲究，选用各色碎布头为制作材料，剪出布样，按设计手稿缝成"布壳"，并留小口，然后填入艾叶，再用丝线刺绣装饰（见图1-6）。

图1-6　布龙作品

——剪纸龙

材料：大红纸、剪刀、笔。

将剪纸和布龙两种非遗结合在一起，真正发挥1+1>2的优势（见图1-7）。

图1-7　剪纸龙作品

——DIY茶包

材料：曲毫茶叶、棉布、丝线。

曲毫茶叶是奉化特产，将特产装进小包里，外绣小龙，反面可绣平安祈福字样。

——训练区

该区域用作学徒体验舞龙的场地。学徒可在老师的带领下，亲自上手握住龙杆，完成舞龙动作。也可学习龙舞鼓乐。

——接待区

该区域用于接待游客，基于当地茶山众多，可内设茶艺桌，如遇大型活动或夏令营，请专业团队进行茶道表演。旁设布龙衍生品和茶叶销售柜台。

◎ 布龙馆效果图展示

一层，如图1-8所示。二层，如图1-9所示。三层，如图1-10所示。

图1-8 布龙馆一层效果

图 1-9 布龙馆二层效果

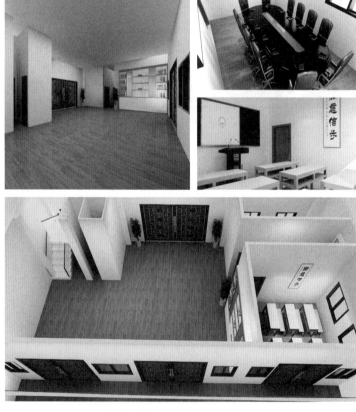

图 1-10 布龙馆三层效果

（2）伏龙客栈

◎ 概况

选择农民房进行改造，设计以布龙为主题的民宿。

◎ 风格

以布龙为主题，中式古雅风。

◎ 功能

布龙文化体验、住宿、餐饮。

◎ 特色

房间用舞龙招式命名，如"高塔盘""快游龙""三腾进"等，皆寓吉祥如意。

采用简约雅致的家具，具有龙元素的小物件，如龙形吊灯、龙图腾水杯、龙爪桌垫等。

小院有鱼池、鸟笼、藤椅，住户可赏鱼、逗鸟、聊天、喝茶，尽显花鸟鱼虫的桃源气息。

（3）卧龙公园

◎ 概况

条宅村周边缺少娱乐健身场所，将空闲场地或田地建造成公园，供当地居民和来往游客疗养休闲。

◎ 风格

布龙主题公园、中式典雅风、古色古香。

◎ 功能

休闲、疗养、娱乐、健身。

◎ 特色

龙溪绿道：蜿蜒曲折的"龙形水系"构成公园的水体结构。水系与绿道相呼应，彰显"龙溪绿道"概念，侧重健康与观景，让人们在运动中亲近自然。

舞台：在公园一侧搭建舞台，前面放置观众席，用于龙舞节等节庆活动。

龙头喷泉：放置于公园中心，起标志物作用。

（4）龙舞竹海休闲吧

◎ 概况

建于伏龙客栈附近，竹海旁边，遐想身处静谧竹林中，细品绿茶、轻抿咖啡，感受自然的奥妙。

◎ 风格

结合布龙与鳗竹、古典与现代碰撞。

◎ 功能

提供咖啡、茶、甜品、小吃。

◎ 特色

外立面选用灰色砖材，与周围建筑保持一致。沿水平方向铺设的砖墙为立面增加了额外的深度。

长椅般的座位台阶分为三层，台阶朝向街道摆放，以获得更好的视野。地面和台阶均覆盖以红色砖面。木制的橱柜、置物架和陈列柜分别放置在这些砖墙的顶部。

水泥材质的墙面将地面、天花板和木制橱柜连接在一起。整个休闲吧在传统而陈旧的空间中呈现出一种现代的生活方式。

2. 莓好农耕体验游——龙乡百姓农耕生活

背景条件：尚田镇农耕文化历史悠久，农业资源丰富，有耕地31024亩，山林171000亩，形成了红色草莓、绿色鳗笋、紫色桑果、金色灵芝等十大彩色农业基地，其中以草莓产业最为显著。全镇致力于培植以精品水果为主要内容的农家采摘游，突出休闲、观光、娱乐、民宿等服务功能，建成"四季有果、天天有花"的多彩田园。

基本思路：当地农耕文化深厚久远，是龙乡百姓世代传承的生活方式，因此本团队依据"一核心多点位"的总体布局，创立农业主题游乐产业园，将承载农业生产、农特产品展销、农耕体验、农业观光、农耕游乐、农业自然教育等多项功能。核心设于尚田莓好农创园区，以草莓采摘为引流项，吸引周边客户。多点位即小镇多彩农业资源、市郊零售屋、主题庄园等结合当地农业资源优势，打造以多彩农业和精品农业为核心的共享共发展的乡村旅游热。

整体布局：以莓好农创园为基础实践营地，并结合当地农业农场资源，打造草莓主题乐园，供游客体验农耕文化。

重点项目：莓好农创园、草莓主题乐园。

（1）莓好农创园

◎ 园区现状

莓好农创园位于宁波市奉化区尚田镇孙家村，由尚田青农创客空间主理人赵洁创建。园区占地 300 亩，旨在以"草莓"为 IP，打造草莓主题乐园，将整个园区打造为集餐饮、研学、休闲旅游、创意农业为一体的综合性现代化生态农业产业园。以"小草莓"激活"大产业"，带动百姓脱贫致富，助力乡村振兴。同时以青创农场为平台，以农创为主旋律，以乡创为文化赋能，吸引青年创客入乡创业，解决乡村人才引流问题。

莓好农创园分三期进行建设，目前已完成一期。餐厅可同时容纳 300 人就餐，多功能厅影像设备一应俱全。周边草坪、竹林、庭院环境优美，可承接各类团建活动、派对聚餐等。

◎ 功能设计

现将推进二期规划建设，扩大园区规模，设立游客接待中心、户外休闲运动区，完成农创孵化园、智慧农业展示区、四季采摘种植区等区块，与之前的板块相结合，细化并完善功能区，深入升级打造园区景观，形成一个集成式农业主题观光教育园区，如图 1-11 所示。

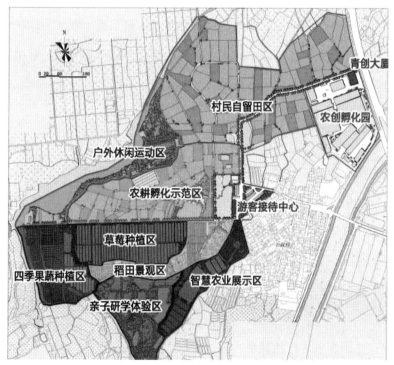

图 1-11　莓好农创园二期功能分布

◎ 具体分区

——莓好小院

以餐饮、会议、休闲庭院为主的多功能休闲区域，日常接待游客。特色活动包括：乡村音乐趴、茶话会、单身交友趴、田园野炊等。

——莓好营地

以休闲户外体验为主题，如农创研学堂、莓好咖吧、草坪露营等。特色活动包括：农学体验活动、聚会露营、夜间森林探险、星空露营、草坪房车、光影玻璃屋、篝火晚会、毕业季晚会、星空晚宴、月夜电影节、生日派对、农俗活动（端午包粽、立夏撞蛋、中秋制月饼等）等。

——农业科普馆

尚田草莓品种、栽培模式、种植技术等知识普及和农业成就、田园知识的展示中心，附以 DIY 体验项目、研学课堂。园区还将设立莓好云课堂，让更多人了解尚田农业发展。

——莓好采摘营地

农耕体验主区位，以四季果蔬为主题，春有草莓、土豆、插秧等；夏有龙虾、抓鱼、摸螺、水蜜桃等；秋有金色稻田、猕猴圣果。游客可体验采摘、农耕、趣味田园活动，学习农业知识的同时，乐享生态田园休闲风光。特色活动包括草莓采摘、蜜桃采摘、趣玩田园、竹间寻笋等。

（2）草莓主题乐园

◎ 概况

建于草莓采摘园闲置区域旁，放置风情草莓游乐设施、移动商铺、草莓厨艺教室、草莓精灵之家、动物乐园等，添加草莓景观小品，打造田园游乐风情，让游客徜徉在草莓韵味的自然乐园中，享受龙果龙田龙园的自然魅力。

◎ 风格

草莓元素、动漫卡通、创意休闲。

◎ 功能

农耕体验、休闲娱乐、自然教育、餐饮购物、家庭式儿童体验乐园。

◎ 特色项目

风情草莓游乐园：在园区内建设以草莓元素为主的游乐设施，包括各种各样的滑梯、蹦床、爬架、太空秋千等，另置网红少女心打卡布景。

移动商铺：每隔一个点位安置一辆草莓元素房车，作为移动商铺，主营小吃铺、产品零售等方面，也可设立自助文创产品售卖机，为游客提供便捷服务。

草莓厨艺教室：仅周末开设，游客或餐饮爱好者可在厨艺教室学习制作点心、甜品。

草莓精灵之家：草莓及其农创产品、文创产品、主题周边商品的售卖店，同时也是特色产品的展览店，旁设草莓精灵 DIY 手工作坊。

草莓产业观光长廊：乐园观光安排小火车接待游客，草莓观光长廊作为一个停靠站，采取动态与静态相结合的时空隧道形式，以视讯化、智能化为游客展示、讲解尚田草莓生产、加工、创意体验等过程。

动物乐园：在农场圈养一些动物，如绵羊、鸭子、奶牛等，游客观光的同时可以喂食动物，体验农业养殖的乐趣。

3. 艺术休闲体验游——龙山龙泉休闲生活

背景条件：尚田气候宜人，风光旖旎，是一座生态宜居、底蕴深厚的小镇。依托区位优势和自然资源，享有"中国富硒谷休闲养生基地"的美誉。山水勾勒出颇具诗意的休闲栖居地，适宜浸润心灵，独享自然风情。

基本思路：本团队将整合地方资源优势，打造集艺术休闲、户外运动、休闲度假、文化体验、生态养生等功能于一体的休闲旅游特色线，开启"龙山龙泉龙道"美好生态小镇新模式。其一，有效利用当地生态风光打造艺术休闲区，主打写生摄影体验；其二，依托山地资源，拓展各种户外运动项目，为小镇注入新活力；其三，以"温泉＋景区＋文化"模式，发展本地生态旅游经济。最终构建成一种闻鸟鸣而起，望星辰而息的龙山龙泉休闲生活。

整体布局：依托生态资源及自然景观，深化"龙山龙泉"概念，分三区建设，打造特色艺术休闲体验游。

重点项目：写生摄影体验、户外运动体验、温泉度假体验。

（1）写生摄影体验

◎ 功能设计

写生摄影区块设立于尚田街道东南部的三村群落，此处村落分布紧凑，王家岭村、鸣雁村三小村计划联合成大村，其中鸣雁村更是宁波作家协会、宁波市书法家协会创作基地。这里依山傍水，村口古树公园生机盎然，村内马头墙高低起伏。春则梨花如海，夏则满目青翠，秋则果实压枝，冬则白雪峥嵘，四季均为意境殊美的自然山水画卷，为写生摄影项目建设提供了自然资源保障。其赏心悦目的自然风光、历史悠久的建筑等形成了较为完整的取景地。

此区块致力于打造油画、国画、素描、速写、水彩等艺术写生与摄影服务平台，开展写生服务、摄影采风等艺术活动，犹以"跃龙纸上"创意书画来呈现尚田山水情，感受寓教于乐的历史文化熏陶，沿着鹊岩仙师的年轮印记，揭秘绿色自然，解读生物密码，涤荡方寸灵犀。

——写生

通过前期的农村设施建设，建成较为完善的吃住行一体化；确立写生主题，如（水彩画、素描画、油画）。可承办或举办省级或者国家级的绘画赛事。积极联合省内各高校，加强合作交流，争取重点艺术院校的支持，建立与高校之间的合作，吸引高校美术专业学生、导师。

——摄影

与摄影协会合作，举办小型摄影比赛，以山水、古村、田园生活为主，吸引游客。在鹊岙花海和王家岭壁画处，打造网红打卡点，吸引服装爱好者、摄影爱好者来打卡。与小型影楼合作，为旅游打卡的游客提供跟拍服务。与高校摄影专业合作，形成摄影实训地。

◎ 体验内容

——花海

鹊岙村拥有荷花和向日葵花海，但未规范化管理，布局杂乱，缺少专人打理和资金投入。此策划将分散的花田连成区块，利用闲置土地扩建花海且引入多种花木品类，修葺龙图腾栅栏和游龙观赏台，修建龙图腾草木染创意工坊，并在花田中打造体现当地特色的"龙图腾"景观小品，如龙形漫步道、龙舞纸伞观光走廊等。采取年度持续性花海管护制度，花田打造与管护同时进行，基于向日葵与荷花的花期，定在夏季7、8月份。

——3D 创意壁画

王家岭村引入以创意童话、古村龙韵为主题的 3D 创意壁画项目，结合村中原有建筑在画家手中巧妙变成跃上墙头、时髦生动的 3D 立体画面，大力发展民宿以及农家乐为一体的休闲娱乐模式，适合青年旅客进行参观和拍摄。另外，可结合当地文化特色在空白墙进行 DIY 墙绘。

（2）户外运动体验

◎ 基本概况

户外运动项目位于尚田街道东南角葛岙水库环湖区以及鸣雁村周边，葛岙水库地势平坦，天然适宜打造美丽风景线。

◎ 体验内容

——环湖自行车道

自行车道建设专注环境、设施、管理等。车道兼具步行道辅助功能，配套环湖自行车综合服务区，设置提供自行车租赁、存放、维修、寄存物品等一站式专业服务的单车驿站及骑行文化展示厅，随到随骑。

结合环湖自行车道与周边村落综合发展，体现当地文化，拥有独特性。自行车租赁点与当地环境、景观相结合进行摆放、设计。

环湖自行车道沿途中，点缀"龙图腾"景观小品装饰，自行车以龙绘设计，与自行车道特点相结合，形成该环湖自行车道独有的特色。

——竹林探险

竹林探险基地依山势地貌而建，充分利用一方青翠竹林资源，设计集运动、冒险、娱乐、休闲为一体的系列活动，主要包含竹林迷宫、竹林寻宝、射箭、丛林穿越、淘笋记等多种主题的体验项。设置竹林休憩区，配备竹木秋千、摇椅、竹床、竹椅等基础设施供游客途中休息，并提供烧烤用具，乐享原始风味。

——鹬岩游步道

鸣雁村拥有古老的"鹬岩"传说。相传鸣雁村有位鹬岩先生，一次，先生在山上采药，忽而电闪雷鸣。鹬岩先生顿时昏晕在地。等他苏醒过来时，已成石崖巨人。从此，人们就称之为鹬岩仙师。后来鹬岩仙师与茗山龙王引起争端，大打出手，最后互有损伤，之后龙王便迁到茗山去了，因而便称茗山龙王，而鸣雁，则是茗山龙王的娘家路。

鸣雁村可凭借得天独厚的"鹠岩"文化，在原生态景观上修建游步道，步道途中设置刻有当地传说的石碑，健身与研学两不误，吸引更多的野外古道漫步爱好者。

（3）温泉度假体验

◎ 基本概况

温泉度假位于尚田镇南端著名的花园森林村——鸣雁村，该村民风醇厚，青山环抱，竹海无垠，气候宜人，宛若仙境。此项目综合特色资源环绕温泉开发建设，打造集温泉浴、餐饮、住宿、休闲娱乐、健身等体验于一体的温泉田园综合体。以久居都市人的愿望为出发点，加以超感官的环境，展现出温泉独创性的精神深度和导入的独特的龙脉温泉文化。

◎ 体验内容

——龙脉温泉汤池

有效利用温泉资源及场地，打造系列主题温泉汤池，满足不同人群的需求，可分为俪人养颜、老年颐养、儿童戏水、音乐温泉、私人定制等区域。

——温泉度假酒店 + 公寓

利用现有温泉资源，打造特色温泉度假酒店 + 公寓。

——温泉湾餐厅

综合当地特色美食，打造多功能休闲餐厅。

◎ 其他

结合现有资源文化特色，以龙为特色元素，升级温泉景观小品。

结合当地文化资源，打造禅修文化体验。

延续水系生态系统，打造淡水富氧跑道。

依托自然环境，打造高负离子康养社区 + 生态居住。

四、运营规划

（一）运营方式

1. 研学：我是"小龙人"计划

此计划旨在推广"布龙"这项民间优秀体育项目，让中小学生真正体验非遗，感受国家的历史和文化，从小就激发对民族传统文化的认同感，成为"龙的传人"。

具体实施：可联系当地市区及周边城市的中小学，与学校联动，或与旅行社合作，设定不同阶段的布龙研学课程，主要包括技术观摩课、理论课、实操课、鼓乐课等，保证中小学生都能有一次非遗研学的体验课程，传承龙脉。

2. 农耕：新苗领养计划

此计划旨在让游客亲身体验种植与收获的乐趣，并在此过程中了解学习农作物的种植知识。

具体实施：时至种植季，鼓动游客共享一块农田（草莓地、桃树等），可以亲自在农创园种植区栽培。由农场专业人员培育，届时农创园将推出开放式培植云服务平台，用户通过物联网在小程序进行浇水、施肥、除草等云养护操作，实时了解绿植的生长情况。待到产品成熟季，游客可到园区采摘或通过农创园将农产品物流运输包邮到家。

3. 休闲：绿色健身计划

此计划旨在鼓动游客长期前往，成为半固定客户，使之真正成为城市休闲地。

具体实施：建立"绿色积分"体系，动员游客注册"绿色账户"，每打卡一个艺术休闲体验游项目即可积攒相应分数，并以线下兑换当地特产或消费券等激励方式，吸引城市游客。

（二）游线规划

1.浅度游线

浅度游规划路线如图 1-12 所示。

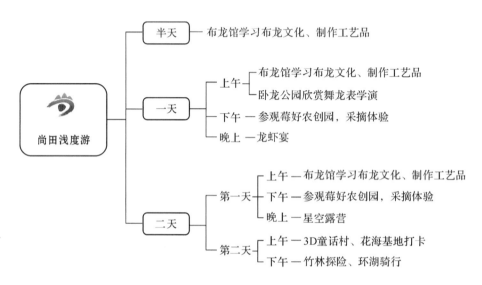

布龙馆学习布龙文化、制作工艺品

半天

布龙馆学习布龙文化、制作工艺品
卧龙公园欣赏舞龙表学演

一天
下午 — 参观莓好农创园，采摘体验
晚上 — 龙虾宴

尚田浅度游

上午 — 布龙馆学习布龙文化、制作工艺品
第一天
下午 — 参观莓好农创园，采摘体验
晚上 — 星空露营

二天
第二天
上午 — 3D童话村、花海基地打卡
下午 — 竹林探险、环湖骑行

图 1-12　浅度游规划路线

2.深度游线

深度游规划路线如图 1-13 所示。

（三）活动规划

1.非遗研学体验游板块活动

◎ 龙舞嘉年华

以卧龙公园为主场地，邀请全国各地的舞龙队前来交流学习，各显风采，掀起"群龙摆尾"之盛况。

◎ "龙韵"雕刻大赛

参赛选手根据主题，以竹筒为选材，设计雕刻各式各样的布龙形象，展示龙韵，体现匠人精神。

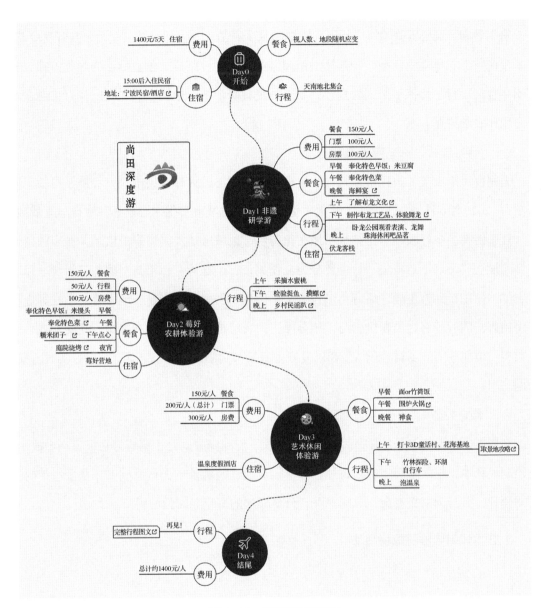

图 1-13　深度游规划路线

2. 莓好农耕体验游板块活动

◎ "莓好时光"——主题夏令营

每年暑期，农耕体验园将举行不同主题的夏令营活动，包括自然夏令营、乡野夏令营、军事夏令营、农学夏令营等。每期活动由园区制订计划、路线，创意活动内容与方式，安排学生食宿出行。让孩子们体验别样、新奇的夏日研学游。包括自然主题、乡野主题、军事主题和农学主题。

◎ "莓好夜市"——创意市集

人间夜市烟火气，最抚市井凡人心。夜市地摊经济的火爆，助推"夜经济"释放无限新活力。2020年6月，首期"棒集"奉化文化夜市在奉化城市文化中心举办并取得显著成效。

夏季傍晚，莓好农创园将结合当地文化特色、地域风情及街道景观氛围，在园内营地草坪间设立"莓好创意市集"，主要分为文创集市、小吃摊、"街头"演艺三板块。以莓好农创、文创产品为主导，集合小镇各类文化特色、创意文化产品、地方特色小吃等进行展出销售，同时号召村民积极参与，招募摊主，自定地摊"主题"和售卖、社交形式。每晚欢迎一位或一团队乡村音乐人、音乐爱好者或街头卖唱者进驻演艺区，并进行实时直播，为期一周。

◎ "莓好故事汇"——第二课堂打卡

在周末研学课堂、夏令营等活动中，鼓励孩子们围绕主人公小草莓为它编写一个故事，或绘制成画本，在故事会上进行讲述、分享、交流，鼓励孩子上台讲故事。并于每年的国际阅读日，举行读书交流会，寻味书香，分享喜欢的书籍和阅读心得。

3. 艺术休闲体验游板块活动

◎ "写意尚田"创意交流大赛

前期宣传，设置奖项，邀请专家评审团，吸引写生爱好者、专业绘画者参赛。

◎ 乡影·拾光摄影展

收集农村摄影师的作品，展示拍卖。

（四）节庆规划

尚田四季节庆规划如图 1-14 所示。

图 1-14　尚田四季节庆

（五）体验系统

◎ 吃：草莓宴、庭院烧烤、龙舞珠海休闲吧、温泉湾餐厅。

◎ 住：伏龙客栈、温泉度假酒店、莓好营地。

◎ 游：布龙馆、卧龙公园、龙舞竹海休闲吧、莓好采摘园、莓好营地、莓好小院、草莓主题乐园、鹊乔花海、3D 创意壁画、环湖自行车道、竹林探险、瑶岩游步道。

◎ 购：

一产为尚田草莓、水蜜桃、芋头、神龙奉茶、尚田年礼、龙笋礼包、草莓爱情花束；

二产为龙文化纪念币、布龙盲盒、龙形笔筒、畲家竹篮、梦回山海竹杯。

◎ 学：布龙馆、农业科普馆、写生摄影基地、农创研学堂。

五、客户引流

借助精准引流的基本思路：确定目标客群 + 引流渠道。

（一）目标客群

◎非遗研学体验游

——青少年：自驾游或学校组织。

◎莓好农耕体验游

——亲子；

——团建。

◎艺术休闲体验游

——艺术生、艺术专家；

——老年：旅游团或社区；

——青少年：乡令营。

（二）引流渠道

1. 线上

（1）抖音

◎ 邀请布龙文化非遗传承人参加抖音的 "非遗合伙人"计划，通过抖音发布非遗文化宣传相关视频，参与评论互动，定期组织站内话题活动，提升抖音用户对布龙文化的认识和了解，扩大受众市场。

◎ 为非遗传承人开通小店、长视频等权限，帮助非遗传承人拍摄短视频、建设品牌、运营账号，推广销售文化相关产品。

◎ 在抖音平台投放广告。

◎ 定期开展旅游宣传直播：邀请文化传承人和旅游产业负责人参与，进行卖货直播和参与旅游文化宣传，主要展示该地区的风景景点和衣食住行。

（2）微信公众号

◎ 在官方公众号定期发布旅游相关推文，及时更新最新的旅游景点和方案，根据不同的时令来宣传相关的旅游热点，还可以在公众号中推出 360 度全景地图。

◎ 发布相关旅游衍生品的销售和宣传文章，着重宣传文旅衍生品背后的文化内涵，还可以推出转发抽奖送小礼品等活动来鼓励转发和引流。

◎ 定期举办文化节旅游节等相关活动，在网上报名有一定的优惠，可以通过微信小程序提前预约和订购。

（3）微博

◎ 开通官方微博，将旅游最新信息及时传播。

◎ 通过官方微博号的抽奖活动，提高品牌知名度，增大粉丝量，扩大影响力。抽奖的奖品可以是当地的特产食品或者手工艺术品，让粉丝及受众更好地了解品牌和文化，达到二次品牌宣传推广。

◎ 在官方微博上分享游客微信纪念册，即体验过程中跟拍的图片及视频。

（4）官网

◎ 官方网站用于介绍旅行项目和向用户科普当地特色，主界面分为三大板块，每一个板块下都有其主要的旅游路线规划和主要景点介绍。

◎ 和国内的地图厂商合作推出虚拟全景地图，在网站上就可以全方位无死角地游玩整个村庄，加大体验游的吸引力。

（5）B 站

◎ 与头部 Up 主进行内容合作推广。

◎ 将旅游素材交给 Up 主进行视频创作宣传和二次加工，制作出适合 B 站宣传风格的视频，增加曝光量。

（6）小红书

◎ 将项目点打造为网红地点，吸引游客来打卡。

◎ 选择头部博主 / 明星，影响力广泛，个人特色鲜明，可以高效率地提高知名度，也可选择潜力博主，这类人设丰富、多元化，易形成真实口碑风向，带动话题，炒热产品，具化品牌形象。

◎ 开通尚田体验游的品牌号，更新旅途笔记、风景图片，吸引用户根据标签搜索过来，进入自己的品牌号，有利于转化。

（7）旅游平台（携程、飞猪、去哪儿等）

◎ 制订旅游优惠套餐，与旅行社一起制订旅行计划。

◎ 上传旅游地图、旅行攻略。

（8）民宿

参加爱彼迎的"溯·承"项目。爱彼迎在各地联合非遗传承人，推出非遗体验产品，帮助他们将中国的非遗文化放上平台、融入旅行，由此吸引更多年轻人来一同追溯和传承。

2. 线下

（1）发放旅游手册（社区、超市、学校等）

旅游手册设计方案如图 1–15 所示。

图 1-15　尚田旅游手册设计方案

（2）文化创意快闪店

在杭州、宁波等靠近奉化的城市商业圈内设置文化创意快闪店，因为这里人们消费水平普遍较高。结合布龙衍生品，莓好农创园衍生品，出现在商业圈闹市之中，此类快闪店为展示式快闪店及口碑式快闪店，活动参与度高，善于利用媒体进行宣传、造势。开设文化创意快闪店，能够使得尚田产品更好地被大众所认知、认可，提高知名度，吸引客户亲身前往体验。

（3）布龙馆馆口海报设计

相关海报设计如图 1-16 所示。

图 1-16　布龙馆馆口海报设计

六、项目可行性

（一）已有资源

1. 空间本方案符合尚田镇的发展方向，经过协商讨论，得到尚田镇政府的全力支持。

2. 尚田农业资源发达，拥有白茶、红色草莓、蓝莓、绿色鳗笋、猕猴桃、桑果等自制农产品，可进行农耕式体验。

3. 尚田鸣雁村为宁波作家协会、宁波市书法家协会创作基地，方便进行书法、绘画类比赛。

4. 奉化布龙为国家级非物质文化遗产，以布龙为主进行研学体验策划可行。

5. 尚田镇旅游资源丰富，实现"一村一品"，能够更好地进行村与村之间的连接。

6. 莓好农创园一期已经取得佳绩，在当地小有名气。

7. 当地的冷西小栈和莓好农创园经营方式类似，经营者从本村村民处买来闲置宅基地，建设"冷西小栈"民宿，为游客提供配套服务，可做优秀参考。

8. 政策支持，宁波市奉化区成功入选中国特色研学旅游目的地，成为宁波市唯一入选的行政区域。

9. 当地人文历史、名人踪迹、民间传说、老店故居丰富，宜营造氛围。

（二）空间提升

尚田镇众多村落还有大量农房、宅基地常年闲置，资源盘活利用的空间还很大。实行"三权分置"后，投资者取得宅基地合法使用权证，解除了后顾之忧，有利于吸引社会资本回流乡村搞开发，加快乡村振兴。

（三）游客需求

1. 赏：花海、涂鸦壁画、布龙馆等网红点可让人拍照"打卡"。
2. 食：地方草莓、桃子等水果，特色小吃，土特产应有尽有。

3. 玩：具有民俗民风的游玩活动、文化节周期性展开。

4. 住：伏龙客栈、温泉酒店、莓好野营地等独具特色的民宿酒店等待光临。

5. 购：具有纪念性、代表当地特色的小物品琳琅满目。

在物质生活高度充裕的当下，人们对精神生活的追求恰当其时。文化是旅游的灵魂，旅游是文化的载体。此策划中，游客可在体验文化中领略山海之间的柔情、亲触写意尚田。

七、预期成效

2017 年尚田街道 1—10 月累计接待游客 12 万人次，带动直接和间接经济效益 1300 万元。2018 年以来，支撑国内旅游消费增长的经济和政策环境不断优化，2019 年及 2020 年国内旅游市场有望保持稳定增长。

根据以往数据，结合新项目的建立，通过此次策划、整改、提升，预计下一年接待游客量可达 25 万人次以上，按照人均 150 元的消费计算，带动直接和间接经济效益可达 4000 万元以上，对 2020 年旅游经济总体持乐观预期，尚田旅游经济有望保持近两位数增幅。

在此过程中，创造工作岗位，吸纳本地青壮年回乡就业，也为当地中老年人提供增收渠道，实现"反哺"。

茶香墨韵，仙止灵栖

——灵栖村CSACT项目策划

选题来源： "裕农通杯"第四届浙江省大学生乡村振兴创意大赛—招标村—乡村产业
　　　　　创意类

项目负责人： 浙江树人学院人文与外国语学院　2019级汉语言文学专业　严婉瑜

团队成员： 李　利　李云龙　洪　伟

指导教师： 赵　芮　丁赞华　吴浩杰

获奖信息： "裕农通杯"第四届浙江省大学生乡村振兴创意大赛主体赛三等奖

一、识：灵栖概况

（一）区域概况

地理概况：浙江省杭州市建德市西南部航头镇灵栖村，地处建德西部，距建德城区36公里，东临华东最大天然楠木林风景区，北接千岛湖石林风景区，南交"建德人"遗址。

村庄概况：灵栖村成立于2007年，由原寺砌头、下官山、商家、毛家四村合并而成。全村行政面积13.2平方公里，耕地面积1462亩，山林面积16238亩。村内拥有国家4A级景区——灵栖洞天和年接待游客数十万人次的新网红景点——江南大冰洞。

已获荣誉： 浙江省书法村、浙江省"民主法治村（社区）"、建德市美丽乡村示范村、建德市精品村。

（二）特色资源

翰墨之村：建德市唯一省级书法村，文风炽盛，书家荟萃。

灵栖洞天：国家4A级旅游景区，2019年获评"浙江省避暑气候胜地"，1986年版《西游记》取景地，常年恒温17℃，被誉为"江南溶洞明珠""地下艺术宫殿"。

习习山庄：取"习习凉风"之意，是中国现代建筑的经典之作。设计师葛如亮在设计时把溶洞里的凉风通过地道，引入到整个建筑里面，使所有的房间温度能够常年保持在17℃，也独创了"灵栖砌法"，独具美感，使之成为杭州市避暑胜地。

里洪坑红茶乐园：里洪坑红茶曾在巴拿马万国博览会上荣获中国茶叶金奖。目前"红茶乐园"内设有"手工红茶工坊""红茶餐厅"，可以接待游客亲自采摘并学习制作红茶。通过挖掘江南茶人、茶事、茶品、茶艺，创作茶诗、茶画、茶歌、茶舞；领悟茶史、茶语、茶道、茶艺，让爱茶之人享受生命之美、生活之乐。

（三）调研小结

经实地勘察、采访村民及游客，以及村内各优劣势情况。团队成员期望能够充分发挥灵栖村独有的夏季避暑优势，开辟专属旅游旺季研学路线，抓住亲子暑期旅游市场。同时，开创沉浸式研学体验之旅，从书法学习到感受古茶飘香、田园体验、溶洞探险一系列的体验活动，让读万卷书与行万里路充分结合，使孩子既能感受到中华文化，又能体验到大自然所馈赠的礼物。

（四）现有问题

灵栖村五大关键问题致命挑战。

1. 规划缺位

灵栖村在文旅方面缺乏体系化的策划与规划，整体开发水平比较低下。

2. 产品落后

大多旅游产品按照投资者或农户自己的意愿来打造，不能匹配市场需求变化。

3. 人才缺乏

开发经营管理人才缺乏，人才培训与高素质专业人才引导方式需进一步突破。

4. 资金不足

民营企业资金短缺，政府政策资金有限，盈利模式与融资模式尚不清晰。

5. 宣传薄弱

对于村内宣传的力度较小，宣传涉及平台仅仅局限于社区报纸与微信平台。

坐拥天然资源，却缺少文旅规划，暴露发展短板，书法研学馆缺乏统筹发展，里洪坑红茶乐园未深度开发，灵栖洞天与周围特色景点联动性较弱，加之宣传力度小，资源未得到有效利用。

（五）市场分析

1. 墨韵飘香研学体验游市场分析

市场概况：目前多地已经将研学活动纳入学分体系当中，研学旅行成为许多中小学生的一门必修课。研学旅行横跨旅游和教育两个万亿市场，在"学"和"旅"的交叉领域获得蓬勃的发展空间。研学成为在校学生的刚需，未来 3～5 年研学的学校渗透率将迅速提升，研学市场总体规模将突破千亿元。

市场主体：中小学生、各大公私立学校。

市场规模：自 2015 年以来，游学人数及研学市场规模呈上升趋势。2019 年，我国国内与海外游学人数近 600 万人，研学市场规模达到 164 亿元。

市场前景：

（1）国家政策扶持力度大；

（2）总体市场发展空间大；

（3）研学旅游产业链逐步完善；

（4）国内研学旅游资源价值高。

2. 灵栖探险亲子互动游市场分析

市场概况：大众度假旅游时代的到来，家庭亲子结伴旅游的方式逐渐常态化，随着中产阶层崛起、旅游消费升级、三孩政策开放，亲子游庞大的旅游消费阶层逐渐形成。

市场规模：从 2014—2021 年中国亲子游在线交易市场规模及预测数据来看，整体市场规模呈现持续性增长趋势，2014 年市场规模为 67 亿元，2018 年上升为 500 亿元，2019 年上升为 710 亿元，2020 年市场规模达到 860 亿元。根据预测，2021 年亲子游市场将达到 972 亿元规模。

市场主体：80 后、90 后群体，6～12 岁孩童群体。

市场优势：

（1）城市扩展与父母工作时间延长导致亲子共处时间减少，现代家长越来越重视亲子关系；

（2）研学旅行正式纳入教育体系，以旅游为载体的综合教育越来越受欢迎；

（3）周末游、短途自驾游日益火爆，适合亲子旅游；

（4）三孩政策放开，市场继续扩容。

3. 古茶清幽艺术休闲游市场分析

市场概况：21世纪，以休闲、旅游、娱乐、健身、艺术、文化传播等为主的"休闲经济"，将名副其实地成为世界支柱产业。2021年4月在北京召开的第十六届世界休闲大会，主题为"休闲提升生活品质"。大会提出"地域特色、绿色生态、亲山近水"的理念，提倡"全域、全季、全民休闲"的休闲发展理念，推进休闲地时间、空间、主体全覆盖。

市场主体：全年龄段人群。

市场优势：

（1）受众范围广；

（2）集客能力强；

（3）消费滞留时间长；

（4）能够带动其他产业消费。

4. 当地旅游市场现状分析

灵栖村当地旅游景点：国家4A级旅游景区——灵栖洞天、新网红景点——江南大冰洞、里洪坑百年古茶园、绿荷塘古楠木森林公园、"建德人"遗址。该地景区大部分已形成规范化运营、发展前景较好，全年客流量大，极大程度上带动了当地经济。

二、思：策划内容

（一）策划概述

综合当地文化背景、发展意向，本团队将借助"未来乡村建设"计划，以实现乡村产业多元化、乡村文化外显化为主要目标，挖掘、凸显、培育乡村文化，提升、拓展、深化发展内涵。

具体措施：以体验式文旅活动为载体，借鉴CSACT的理念，以团队原创书法及茶叶动漫代言人默默、灵灵为IP，以构建研学、亲子、休闲三种文旅体系为框架，针对不同市场主体，紧扣"墨韵茶香"主题，设计具有显性文化符号的三条文旅路线：墨韵飘香研学体验游、灵栖探险亲子互动游、古茶清幽艺术休闲游。每条路线包含不同时长、不同主题、不同目标的体验游项目。在此过程中，使一、二、三产业联动发展，与吃住游购学相结合，成为展示当地乡村文化的重要窗口、拉动当地经济发展的强力引擎。并推出系列文化艺术节、限定纪念品等，实现文创、研学等多业态同地域文化的完美融合，促进当地文旅产业升级和发展。

（二）基本理念：CSACT

本设计以 CSACT 为框架，深度挖掘有机农业、文化体验与乡村旅游的融合。通过对灵栖村现有资源的充分挖掘与整合，打破原有乡村发展路径单一的弊端，积极回应新发展理念对于农村文旅产业变革的呼唤，通过农业、产业、文化、旅游的深度融合，构建富于深刻文化内涵底蕴的未来乡村产业发展新模式。

理念细分：

1. 精心策划，科学规划，立足灵栖，打造以"墨韵茶香"为具体文化内涵的农文旅基地。

2. 突出特色，创建品牌，以深深植根当地文化的墨韵飘香研学体验游、灵栖探险亲子互动游、古茶清幽艺术休闲游为主要的农文旅活动，打造当地文旅产业的原生 IP，以此吸引游客、延伸产业、助力发展。

3. 培养人才，科学运营，以良好服务和现代化管理促进项目成长。

价值主张：提供休闲文化旅游的载体，为农村居民带来收益，为运营企业提供商机，为政府解决问题，形成多方共赢的局面。

盈利模式：民宿＋餐饮＋文创＋农特产品销售＋中介服务收益＋特色活动。

前景分析：CSACT 正好契合了社区居民短途（3 小时经济圈内）进入乡村休闲度假的"体验游"需求，是休闲文化旅游的创新形式和创新业态。社区居民出游也存在不同梯度的游客，文旅一体化发展也存在梯度关系，同样分化为高、中、低端市场，所以 CSACT 同样可以发展高、中、低端市场，在整个旅游市场中占据可观的市场份额，其市场前景十分美好。

（三）基本原则

1. 特：充分发挥当地特色资源；

2. 全：实现全村全景点全覆盖；

3. 整：整合资源整体发展战略；

4. 串：以文化串联起文旅体验。

（四）品牌思考

团队致力于体验式旅游模式，让游客来此能够真正体会到灵栖村的景致之美，从而提升游客的旅游获得感与幸福感。让游客来有期待，归有收获，真正达到让旅游成为生活的游乐场的效果，如图 1-17 所示。

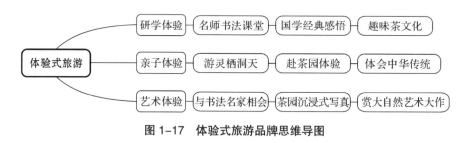

图 1-17　体验式旅游品牌思维导图

（五）团队原创IP设计

1. IP 形象 1

姓名：墨墨（见图 1-18）

设计理念：灵栖村作为浙江省书法村的优势，设计手拿毛笔的形象 IP，寓意灵栖村对于书法领域的研究。墨墨处于书写状态，启示游客前来提笔共留墨宝。

形象宣言：与我一起，执笔敬年华。

图 1-18　墨墨形象

2. IP 形象 2

姓名：灵灵（见图 1-19）

设计理念：双手端举茶杯敬茶，体现出游客前来辛苦，快快坐下喝杯茶的热情款待。人物头顶茶壶，启示灵栖之行须当饮一杯茶。

形象宣言：一杯古茶敬客人，灵栖常驻你心里。

图 1-19　灵灵形象

（六）内容规划

1. 墨韵飘香研学体验游

背景条件：书法作为我国四大国粹之一，具有强大的艺术魅力，通过学习书法可以提升学生的审美能力、鉴赏能力。灵栖村历来文风炽盛，书家荟萃，是著名的"翰墨之村"。早在 2015 年 12 月，浙江省书法家协会授予灵栖村"浙江书法村"称号。

基本思路：本团队采取"研＋游"的模式，以书法研学馆为依托，为"墨韵飘香"量身定制研学项目，旨在利用灵栖村优质书法村条件，让景区资源与文化底蕴相碰撞，为游客打造具有书香文化底蕴的特色旅游体验路线。

整体布局：以书法研学馆为中心点，向周围辐射民宿、休憩点。

重点项目：书法研学馆、墨韵客栈、文风炽盛休闲吧、书画长廊。

（1）书法研学馆

◎ 概况：为充分发扬书法文化而新建的一座研学馆，距离村口路程较远，环境静谧，适合修身养性，研学书法。

◎ 功能分区

——学：学堂区

学堂区作为传道授业解惑的区域，为学徒讲述书法知识，现场展示书法写作技巧。开设书法课堂，学徒们在此提笔练字，配置专业书法教师指导，让书法学习专业全面。每年村内"春泥"计划暑期书法课堂开班地，届时全村儿童均会到此上课。

——悟：创作区

创作区供书法爱好者于此进行自由创作。书画文化交流地，为书法、国画等艺术创作提供场所。

——展：书法墙

墙体以书法绘制，与书法研学馆相呼应，营造出浓浓的书香气息，可供于美景中学书法、打卡拍照，营造网红打卡点。

（2）墨韵客栈

◎ 概况

选择闲置房屋或旧房进行改造，设计以墨韵为主题的民宿。

◎ 风格

中式古雅风，尽显中国传统文化魅力。

◎ 功能

住宿、餐饮、庭院烧烤。

◎ 特色

房间用雅致的词汇命名，如兰亭、娴雅、翰林等。

采用简约雅致的家具，置有汉元素的小物，如文房四宝、紫砂水壶、水墨墙纸等。

小院有鱼池、鸟笼、藤椅，住户可赏鱼、逗鸟、聊天、喝茶，尽显花鸟鱼虫的桃源气息。

（3）文风炽盛休闲吧

◎ 概况

建于书法研学馆附近，令茶香与书法完美融合，让游客在体验书法文化的同时，细品灵栖茶，看遍灵栖景。

◎ 风格

古韵茶舍，幽静淡雅。

◎ 功能

提供茶、咖啡、甜品、小吃。

◎ 特色

沿用古代木质建筑结构，端景造景设计，搭配具有意境的花艺和绿植，采用古风灯笼、丝绸书法垂帘，年代感的红木家具和原木门窗部件。

（4）书画长廊

◎ 概况

建于灵栖村村口，以村民或游客撰写的优秀书画作品为展示品，定期更新优秀作品，让游客入村即能看到。

◎ 风格

中国风。

◎ 功能

交流学习、休憩。

◎ 特色

传统中国红搭配复古绿，让人一看便知"中国风"，具有浓厚的文化底蕴。

可供观赏、教育、艺术熏陶、村民日常活动等多方面使用，利用价值高。

2. 灵栖探险亲子互动体验游

背景条件：亲子游是现代社会倡导的一种积极的生活方式和家庭教育模式，灵栖村资源丰富，村内景点能够满足多年龄段的旅游体验需求，让亲子关系在此体验游中持续升温。

基本思路：本团队采取"场地条件＋阶梯式课程设计＋亲子共同参与＋多种能力综合培养"的模式，以灵栖洞天景点为依托，旨在利用亲子游"亲子＋教育＋旅行"市场主流模式，丰富景区场地设施功能及提高利用率，融入当地文化特色体验，开设"亲"＋"子"互动课程，激活亲子关系、感知大自然、享受大自然、关爱大自然。

整体布局：从亲子互动的角度出发，以灵栖洞天为中心点，升级打造村内联动性景区游玩体验项目，让亲子互动更为密切。

重点项目：灵栖洞天、江南大冰洞——狮子岩景区。

（1）灵栖洞天

◎ 概况：早在三国东吴时期，驻守于此的东吴将士在寻找水源时发现了灵栖洞，因其水清、洞奇、风凉、气爽、石秀，被世人誉为"神奇的地下艺术宫殿"。灵栖洞天风景区由灵泉、清风、霭云三洞和灵栖石林组成。这里于 2019 年获评"浙江省避暑气候胜地"。

◎ 景区特色

——灵泉、清风、霭云三洞

灵泉洞以水见长，清风洞以风取胜，霭云洞以雾著称，石林以迷称奇。灵栖洞内气温常年保持在 17°C，夏日凉风沁人心脾，冬日暖风和风习习。

——灵栖洞天实景剧本杀

涵盖多种剧本内容供选择，在真实场景中体会游戏乐趣。游戏提供换装服务，可以自主挑选喜爱的汉服换装，古风大片等你入境。

——考拉森林探险之旅

考拉森林探险基地依山势而建，充分利用一方森林资源，打造集运动、冒险、娱乐、休闲为一体的系列活动，主要包含飞跃湖面、考拉攀绳、泰山腾跃、高空滑索多种主题的体验项。基地设置竹林休憩区，配备摇椅、休憩区等基础设施供游客途中休息，并提供特色饮食服务，供游客补充能量。

——灵栖洞天之梦回西游

景区内建设西游主题区域，提供与西游主角同款服饰换装、游西游实景拍摄地、与西游人物雕像合影、西游故事讲述等多样西游主题活动，吸引青少年们来此与童年记忆中的英雄相遇。

（2）江南大冰洞—狮子岩景区

◎ 概况：江南大冰洞是国内首创的大型自然式冰洞景区，充分利用当地独特的溶洞资源，采取人工降温的方法在 3000 多平方米的溶洞内制造了形态各异的冰雪景观，包括冰瀑布、冰崖、冰柱、冰花、冰幔等，在灯光效果之下色彩绚丽，让游客感受梦幻般的现实版《冰雪奇缘》。

◎ 景区特色

——童真守护区

打造了白雪公主和 7 个小矮人的童话场景，深受小朋友喜爱。景区还开发了冰泡泡的项目，在冰洞零下 8℃的气温下吹泡泡，泡泡瞬间冻住。

——芭蕉洞溶洞餐厅

国内首创溶洞餐厅，让你在洞内也能享用各色美食，创意设计的餐盘让孩子爱上佳肴，最重要的是再也不用担心饭店的空调不给力啦！

——飞拉达攀岩

利用自身地理优势，开发飞拉达攀岩项目，按照难度分为儿童版和成人版，共有3条体验路线，让普通人也能体验飞檐走壁的感觉。

——悬崖秋千

一共2个座位，一个8米高、一个10米高，安全装置完备。游客坐上去靠机器提升到与地面水平再荡出去，在惊叫声中扑进蓝天的怀抱！

——玻璃观景台

三面悬崖，大概百米高，面朝青山，让你尽收灵栖美景。

——童话森林树上景区

设有天空之境、树上球场、空中漫步、土拨鼠之家、秋千吊床等休闲项目，天空之境能拍出唯美的照片，宛若丛林中的茶卡盐湖。树上球场和空中漫步富有探险精神。

3. 古茶清幽艺术休闲游

背景条件：灵栖村气候宜人，风光旖旎，是一座生态宜居、底蕴深厚的村落。依托区位优势和自然资源，享有多样美好自然风光，山水勾勒出颇具诗意的休闲栖居地，适宜浸润心灵，独享自然风情。

基本思路：本团队将整合地方资源优势，打造集艺术休闲、户外运动、休闲度假、文化体验、生态养生等功能于一体的休闲旅游特色线，开启美好生态村庄新模式。其一，有效利用当地生态风光打造艺术休闲区，主打写生摄影体验；其二，以"生态＋景区＋文化"模式，发展本地生态旅游经济。最终构建一种闻鸟鸣而起，望星辰而息的仙灵栖止休闲生活。

整体布局：依托生态资源及自然景观，分为两区建设，打造特色艺术休闲体验游。

重点项目：里洪坑红茶乐园、写生摄影基地。

（1）里洪坑红茶乐园

概况：沿着下官山后溪行至最幽绝之处的"老鹰岩"，这里常年云雾缭绕，漫射光充足，相对湿度大，为里洪坑红茶提供了天然的生长环境。结合当代红茶制作工艺，里洪坑红茶的种植、生茶等技术难题得以突破，炒制出了原香原味的里洪坑红茶，并建起了"里洪坑百年古茶园"。

◎ 乐园分区

制：手工红茶工坊——体验从采摘开始的茶叶味道。

食：红茶餐厅——体验茶农日常饮食，细品茶香所在。

探：古茶营地。

◎ 以休闲户外体验为主题，如茶道研学堂、茶香咖吧、茶岭露营等。

采茶体验活动。

茶道研学堂。

（2）写生摄影体验基地

◎ 功能设计

写生摄影区块设立于灵栖洞天、里洪坑红茶乐园、下官山溪三处。该三处景致四季均为意境幽美的自然山水画卷，为写生摄影项目建设提供了自然资源保障。其赏心悦目的自然风光、四季变幻景致等形成了较为完整的取景地。

此区块致力于打造油画、国画、素描、速写、水彩等艺术写生与摄影服务平台，开展写生服务、摄影采风等艺术活动，犹以"茶香墨韵，仙灵栖止"的创意书画来呈现灵栖村山水情，感受寓教于乐的历史文化熏陶，沿着灵栖洞天的年轮印记，揭秘绿色自然，解读生物密码，涤荡方寸灵栖。

◎ 写生

通过前期的农村设施建设，提供较为完善的吃住行一体化服务；

确立写生主题，如水彩画、素描画、油画；

可承办或举办省级或者国家级的绘画赛事；

积极联合省内各高校，加强合作交流，争取重点艺术院校的支持，建立与高校之间的合作，吸引高校美术专业学生、老师。

◎ 摄影

与摄影协会合作，举办小型摄影比赛，以山水、古村、田园生活为主，吸引游客；

在鹊番花海和王家岭壁画处，打造网红打卡点，吸引服饰爱好者、摄影爱好者来打卡；

与小型影楼合作，为旅游打卡的游客提供跟拍服务；

与高校摄影专业合作，形成摄影实训地。

◎ 体验项目

——缤纷四季花田

灵栖村拥有油菜花、雏菊花海，但未规范化管理，布局杂乱，缺少专人打理和资金投入。

此策划将分散的花田连成区块，利用闲置土地扩建花海且引入多种花木品类，修葺汉元素栅栏和花卉赏台，并在花田中打造体现当地特色的"茶道与书法"景观小品，如墨韵灵栖、古茶飘香走廊等。

——墙绘，"美化乡村，我们在路上"

结合村中原有建筑从画家手中巧妙变成跃上墙头、时髦生动的画面，大力发展民宿以及农家乐为一体的休闲娱乐项目，供青年旅客参观和拍摄。另外，可结合当地文化特色在空白墙进行 DIY 墙绘。

——下官山溪，"健康、快乐、亲氧"

灵栖村的小溪——下官山溪，溪水清澈凉爽，小溪是野生大头娃娃鱼大量繁衍生息之地。在此可以亲近溪水，感受夏日清凉。

三、创：运营规划

（一）运营计划

1. 研学："我是国学少年郎"计划

此计划旨在推广灵栖村书法特色，让中小学生真正体验书法艺术，感受国家的历史和文化，从小激发对民族传统文化的认同感，成为"小小国学少年郎"。活动宣传海报（见图1-20）。

图1-20　"我是国学少年郎"宣传海报设计

具体实施：

（1）将国学经典的诵读与书法相结合，开创国学少年郎特别班级，换装书童、手握毛笔、朗诵经书，让昨日孔孟学堂再现。

（2）可联系当地市区及周边城市的中小学，与学校联动或与旅行社合作，设定不同阶段的国学研学课程，主要包括技术观摩课、理论课、实操课等，保证中小学生都能有一次书法研学的体验课程，传承中华经典。

2. 亲子："爱的积分"亲子打卡计划

此计划旨在推广灵栖景区各项互动类项目，增加景区游玩途中孩子的兴趣，让亲子在互动中感情升温。

具体实施：将景区各个互动类项目整合，设计积分卡片，每到一处完成项目挑战由该处工作人员盖章，最终完成盖章数量的亲子组将得到礼品赠送。卡片设计图（见图1-21）。

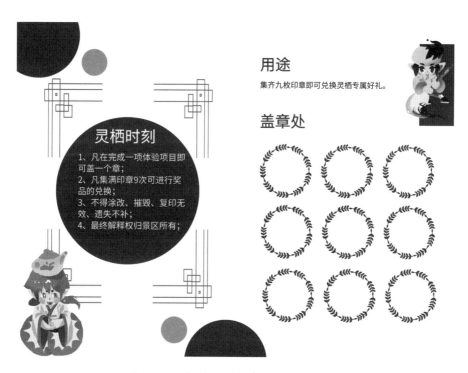

图 1-21 "爱的积分"亲子打卡卡片设计

3. 休闲："向往的茶园"慢生活计划

此计划旨在鼓动游客长期前往，成为回头客，使之走入灵栖茶叶的四季当中。主要推广灵栖村里洪坑红茶乐园，让游客在体验茶园生活的途中慢下来，感受茶香与亲氧。

具体实施：让游客自由体验茶园沉浸式生活，构建"慢生活积分"体系，每打卡一个艺术休闲体验游项目可积攒相应分数，并以线下兑换名家书法及免费参加茶园付费体验项目等，吸引游客前往。

（二）路线规划

1. 浅度游线路规划如图 1-22 所示。

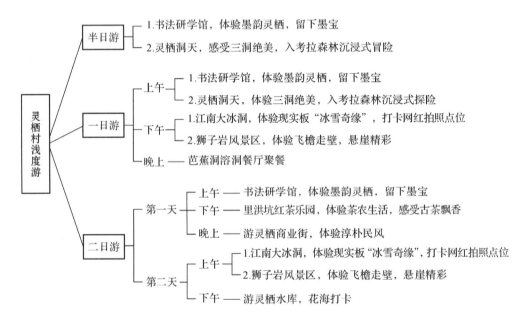

图 1-22　浅度游线规划

2. 深度游线路规划如图 1-23 所示。

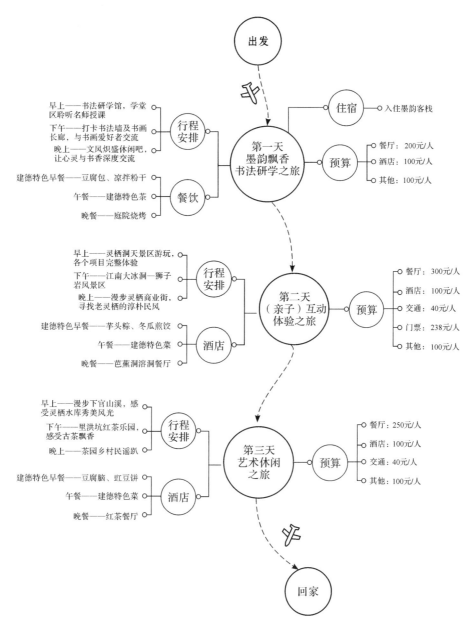

图 1-23　深度游线规划

（三）活动规划

1. 墨韵飘香研学体验游

◎ "墨韵灵栖，夏之耕读"书法文化艺术节暨"灵栖杯"书法大赛

以灵栖村每年 8 月开展的"春泥"计划书法课堂为依托，定期举办"灵栖杯"书法大赛，邀请各书法名家及书法爱好者、书法培训机构等前来参与，从而为村内各景区引流，扩大灵栖村旅游影响力。宣传海报设计图（见图 1-24 ）。

图 1-24　"灵栖杯"书法大赛宣传海报设计

◎ "墨韵灵栖"——第二课堂打卡活动

在周末研学课堂、夏令营等活动中，鼓励孩子们围绕灵栖村原创 IP 形象为它编写一个故事或绘制成画本，在每日学堂会上进行讲述、分享、交流，以此鼓励孩子上台讲故事。并于每年的灵栖文化节，寻味书香，分享喜欢的书籍和阅读心得。

◎ 茶道研学馆

与手工红茶坊相结合，这里是里洪坑茶叶品种、栽培模式、种植技术等知识普及和茶叶成品、茶叶知识的展示中心，附有 DIY 体验项目、研学课堂。该馆还将设立古茶云课堂，让更多人了解百年里洪坑茶叶发展历史。

2. 灵栖探险亲子互动体验游

◎ 亲子主题夏令营

每年暑期，以书法研学馆为中心，向灵栖村周围景区辐射，开展暑期夏令营活动，包括国学、乡野、军事、自然等主题夏令营。每期活动由研学馆制订计划、路线、创意活动内容与方式，安排学生食宿出行。让孩子们体验别样、新奇的夏日体验游。

◎ 灵栖夜市——创意集市

灵栖商业街将结合当地文化特色，在商业街内设立"灵栖创意市集"，主要分为文创集市、小吃摊、"街头"演出三板块。以灵栖主题文创产品为主导，集合各类文化特色、创意文化产品、地方特色小吃等进行展出销售，同时号召村民积极参与，招募摊主，自定地摊"主题"和售卖、社交形式。每晚欢迎各音乐、舞蹈爱好者进驻演艺区，通过抖音、快手等平台进行实时直播。

3. 古茶清幽艺术休闲体验游

◎ "仙灵栖止"创意交流大赛

前期配合灵栖洞天进行官方宣传，设置奖项及奖品，邀请专家评审团，吸引写生爱好者、专业绘画者参赛。

◎ "醉美灵栖"摄影展

收集灵栖村摄影作品，并定期举办摄影展展出，优秀作品将会获得灵栖特别纪念品，展出作品可进行商业交易。

四、宣：客户引流

基本思路：确定目标群体 + 引流渠道。

（一）目标客户群体

目标客户群体示意见图 1-25。

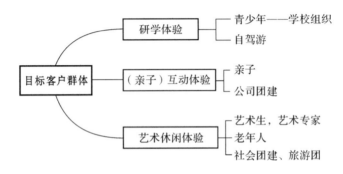

图 1-25 目标客户群体示意

（二）引流渠道

1. 线上

（1）抖音

拍摄灵栖村特色旅游项目宣传片，并带话题 # 浙江美好推荐官 # 旅行推荐官 # 乡村生活发布在抖音，增进抖音用户对安华村的了解，扩大知名度。

为灵栖村开通小店、长视频等权限，帮助书法传承人拍摄短视频、建设品牌、运营账号，推广销售文化相关产品。

定期开展旅游宣传直播，邀请文化传承人和旅游产业负责人参与，进行卖货直播和参与旅游文化宣传，主要展示该地区的风景景点和衣食住行。

（2）微信公众号

在官方公众号定期发布旅游相关推文，及时更新最新的旅游景点和方案。

发布相关旅游衍生品的销售和宣传文章，着重宣传文旅衍生品背后的文化内涵，还可以推出转发抽奖送小礼品等活动来鼓励转发和引流。

定期举办文化节旅游节等相关活动，在网上报名有一定的优惠，可以通过微信小程序提前预约和订购。

（3）微博

通过品牌官方微博号的抽奖活动，提高品牌知名度，增大粉丝量，扩大官方微博的影响力。抽奖的奖品可以是当地的特产食品或者手工艺术品，达到二次品牌宣传推广效果。

在官方微博上分享游客微信纪念册，即体验过程中跟拍的图片及视频。

（4）小红书

将项目点打造为网红地点，吸引游客来打卡。

可选择文化传播类博主，这类博主影响力广泛，个人特色鲜明，可以高效率地提高知名度；也可选择潜力博主，这类博主人设丰富、多元化，易形成真实口碑风向，带动话题，炒热产品，具化品牌形象。

开通灵栖村体验游的品牌号，更新旅途笔记、风景图片，吸引用户根据标签搜索进入自己的品牌号，有利于品牌转化。

（5）共享民宿

与携程、美团、飞猪等平台合作推出系列共享民宿，以清新自然的住宿环境赢得游客的第一印象，借助平台人气，从而更好地推广灵栖文化。

（6）当地官网

官方网站用于介绍旅行项目和当地特色，主界面分为三大板块，每一个板块下都有其主要的旅游路线规划和主要景点介绍。

和国内的地图厂商合作推出虚拟全景地图，在网站上就可以全方位地游玩整个村庄，增加体验游的吸引力。

（7）B 站

与头部 Up 主进行内容合作推广。

将旅游素材交给 Up 主进行视频创作宣传和二次加工，制作出适合 B 站宣传风格的视频，增加曝光量。

2. 线下

（1）发放宣传手册

在大型商场、超市、车站等人流量较大的场所放置宣传手册供大众领取。相关宣传手册设计如图 1-26、图 1-27 所示。

图 1-26　旅游指南　　　　　　　　　　图 1-27　宣传手册设计

（2）文化创意快闪店

在浙江省靠近建德的城市商业圈内设置文化创意快闪店。结合灵栖文旅开设文化创意快闪店，能够让灵栖旅游产品更好地被大众所认知、认可，提高灵栖村知名度，吸引客户亲身前往体验。

（3）灵栖村村口展示易拉宝

在灵栖村村口放置易拉宝等，加大宣传力度，提高知名度（见图 1-28、图 1-29）。

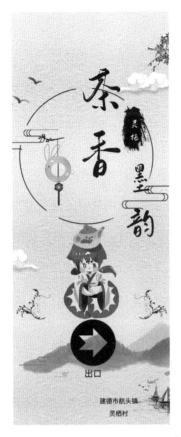

图 1-28　灵栖村村口展示易拉宝设计 1

图 1-29　灵栖村村口展示易拉宝设计 2

五、望：项目前景

（一）已有资源

1. 全村有国家、省和本市级书法家协会会员 22 人，书法底蕴深厚。

2. 文化活动如火如荼，村民参与度极高。

3. 村内民风淳朴、热情好客、配合村内旅游事业的发展。

4. 茶树种植历史悠久，利于茶文化传播开展。

（二）空间提升

灵栖村还有大量农房、宅基地常年闲置，资产盘活利用的空间很大。实行"三权分置"后，投资者取得宅基地合法使用权证，有利于吸引社会资本返乡开发，发挥乡贤作用，推动乡村振兴。

（三）客户需求

在物质生活高度充裕的当下，人们对精神生活的追求恰当其时。文化是旅游的灵魂，旅游是文化的载体。此策划中，游客可体验茶香墨韵之涧的自然、亲触灵栖氧吧。

（四）预期成效

1. 短期成效

利用灵栖村优越的自然条件，发展特色，吸引游客到来。

加强基础设施建设，让服务质量更优越。集中精力解决好乡村旅游基础和公共服务设施建设，加快乡村公路建设，打通农村与城市之间的高效交通。

打造特色灵栖品牌，跟上时代步伐。

2. 中期成效（2021—2025年）

紧跟浙江省"十四五"规划发展步伐，根据以往数据并结合本项目方案，通过此策划案的整改、提升，同时借助2023年杭州亚运会契机，推广灵栖村茶叶与书法文化。预计2023年达15万人次，到2025年稳定达到20万人次以上，大大提升灵栖村旅游品牌形象，直接或间接带动经济效益800万元以上。同时，也能够吸引本地青壮年回乡就业，实现人才"反哺"。

3. 长期成效

充分发挥当地书法、茶道资源优势，包装、培育灵栖村特色旅游产业。结合本项目方案，打造灵栖村旅游品牌，推动灵栖乡村振兴，使其产生一定的社会效益，在弘扬中华文化方面发挥独特作用，打造全国乡村文旅示范基地。

幽兰芬馥，遥驰仙境

——棠棣村兰主题文旅融合策划

选题来源：2021年绍兴市第一届大学生乡村振兴竞赛

项目负责人：浙江树人学院人文与外国语学院　2020级网络与新媒体（3+2）专业

　　　　　　沈琳惠

团队成员：单　吉　湛巧林　夏子森　吴航波　吴羽婕　毛嘉滢

指导教师：叶　菁

获奖信息：绍兴市第一届大学生乡村振兴竞赛三等奖

一、基础调研

（一）区域概况

棠棣村位于浙江省绍兴市柯桥区西部山区，村落总面积 2.91 平方公里，农户 496 户，人口 1509 人。总体概括为"一轴一环线，三片五核心"。分别是一轴一环线：3.6 公里的兰泽路；三片区：刘家片区、头社片区、二社片区；五核心：棠棣村文化礼堂、绍兴市棠棣乡村振兴实训基地、千亩花田、兰谷苑、智慧农业。作为中国春兰故乡，棠棣村有近 2500 亩的花卉基地，是"浙江省兴林富民"示范基地。

（二）现有资源

1. 文化资源

◎ 兰文化

棠棣村被称为"千年兰乡"。棠棣植兰的历史可追溯到越王勾践时期，传说是勾践种兰于兰渚山。至宋代已初步形成兰花产业，出现了以卖花为生的花农。陆游有诗云："君不见会稽城南卖花翁，以花为粮如蜜蜂。朝卖一株紫，暮卖一枝红。屋破见青天，盎中米常空。卖花得钱送酒家，取酒尽时还卖花。"而棠棣人养兰最早是清乾隆时期，到了清光绪初期已十分兴盛，兰业发展迎来高峰，成为漓渚、棠棣一带农户的一项主要营生。棠棣兰业历经千年积淀，不但传承了采兰、植兰、卖兰的历史文化，更是造就了棠棣人吃苦耐劳、奋发上进的精神。

◎ 白石庙文化

白石庙最早建造于清朝的乾隆年间，坐北朝南，由山门、戏台、正殿和东西厢房组成。戏台名为庆丰台，戏台四周卷棚弯像间刻有"庆丰台，敬神明，保社稷、贺太平"字样。白石庙里面供奉的是白石娘娘，传说每年阴历六月十二，白石娘娘就回来了，要住上 5 个月，这是庙里的一件大事，这段时间庙里木鱼声声，就有法事。信佛的男女老少都过来朝拜，有戏文、斋饭等活动，非常热闹。

◎ 花木文化

棠棣花木产业全国知名。棠棣村依托兰花传统优势，培育形成全国知名的花木产业。村民以种植经营花木生意为主，身影遍布全国地市级的花卉市场，如广州、上海、云南等。在棠棣村，95% 以上的人从事花木产业、95% 以上的土地种植花木、95% 以上的收入来源于花木。2019 年，全村花卉苗木种植面积达 8000 多亩，其中外地、外镇的花木基地近7000 亩，村民创办的园林公司和苗木场达 50 余家。

2. 旅游资源

◎ 特色旅游资源

五兰：兰谷苑、兰谷亭、兰谷广场、兰泽路、兰泽亭；

三岭：太山岭、倒山岭、岳雌岭。

◎ 自然旅游资源

千亩花田、白石娘娘庙如图 1–30 至图 1–33 所示。

图 1–30　千亩花田 1

图 1–31　千亩花田 2

图 1–32　白石娘娘庙 1

图 1–33　白石娘娘庙 2

◎ 研学旅游资源

兰文化馆、棠棣乡村振兴实训基地、智慧农业绿植培育基地、星空露营基地。

部分基地如图 1-34 和图 1-35 所示。

图 1-34　兰文化馆　　　　　　　　图 1-35　乡村振兴实训基地

（三）本地特产

◎ 美食

棠棣人的传统饮食具有明显的越地特点，以"蒸、煮、焐"为其烹调特色，注重原汤原汁、清油忌辣，常用鲜料配以腌腊食品同蒸同炖，加上绍兴老酒，醇香甘甜，回味无穷。有许多不太为人熟知的棠棣小吃，如荷叶粉蒸肉、酱爆螺蛳、西施豆腐、元宝鱼、臭千张、臭豆腐、虾油鸡、霉豆腐、干菜焖肉、萝卜丝饼、喉口馒头、菜沃年糕。

◎ 农产品及衍生品

棠棣村有一座"兰谷苑"和棠棣乡村振兴实训基地，是浙江省一流的兰花温室培育中心和展示场地。当地培育的兰花以春兰和蕙兰两个品系为主，总共有 500 多个品种，8 万多株名贵兰花，其中有相当一部分极为稀有。

（四）基础设施

◎ 交通

在外部交通方面，通往棠棣村的主要道路有两条，一条是二级公路福漓公路，另一条为三级道路兰泽路。村内除了有城市公交 309 线公交车，还有文化旅游特色公交线路 590 路公交车。该线路一头连接着漓渚镇棠棣村，一头连接着兰亭国家森林公园，沿途串联起花香漓渚、兰亭景区、阳明墓、印山越国王陵等多个景点。590 路共设 36 个停靠站点，单趟全程 22 公里，日发班次 8 趟，实行一元一票制。

◎ 公共服务

棠棣村内设有一个游客服务中心，有独立的休息接待室、咨询接待室和警务室，每天设专人接待。村内共有停车场 8 处，车位 200 个。共有休闲座椅 50 个，公共厕所 8 处。村内有公共出租用的单人、双人和三人自行车多辆，便于游客自行租用骑行。村内设有生活污水处理池 3 处；垃圾中转站 3 处，共有移动垃圾桶 120 只；棠棣村内邮电通信便利，每日都有专员送报送快递到户。全村范围覆盖了免费的无线网络。

◎ 民宿

棠棣村内目前有 2 家各具特色的民宿：绍兴市棠棣乡村振兴实训基地和棠棣驿站。

绍兴市棠棣乡村振兴实训基地是一个集会议培训、展览参观、餐饮住宿等多功能于一体的场所。内设专用教室 4 个，260 人报告厅 1 个，会议室 2 个，标准客房 25 个、床位 50 张，自助餐厅 1 个，包厢 4 个，能容纳 220 人就餐。

棠棣驿站总建筑面积 834.16 平方米，原址是棠棣小学，民宿内有 7 个套房，12 张床位，可招待 100 人吃饭，还能开小型商务会议。

（五）所获荣誉

2007 年 11 月，棠棣村被评为省级兴林富民村；

2008 年 1 月，棠棣村被评为省级全面小康建设示范村；

2010 年 7 月，棠棣村被评为绍兴市民主法治村；

2016 年 12 月，棠棣村被国家住房和城乡建设部评为国家级美丽宜居示范村；

2016 年 10 月，棠棣村被浙江省"千村示范万村整治"工作协调小组办公室评为浙江省特色精品村；

2016 年 12 月，棠棣村被中共浙江省委对外宣传办公室评为外国人眼中的最美村庄；

2017 年 12 月，棠棣村被浙江省农业和农村工作办公室和浙江省旅游局评为浙江省 AAA 级景区村庄；

2017 年 12 月，棠棣村被评为 2017 年度"美丽宜居 浙江样板"双百村；

2017 年 1 月，棠棣村被绍兴市社会科学届联合会评为绍兴市社会科学普及基地；

2015—2018 年，连续四年被中共绍兴市柯桥区委评为五星级基层党组织；

2018 年 1 月，棠棣村被中共浙江省委评为浙江省文明村；

2018 年 10 月，棠棣村被中国生态文化协会评为全国生态文化村；

2018 年 12 月，棠棣村被浙江省文化旅游厅评为浙江省休闲旅游示范村；

2019 年 1 月，棠棣村被浙江省司法厅评为浙江省民主法治村；

2019 年 1 月，棠棣村被人民日报社人民网评为首届全国乡村振兴示范村。

（六）村庄现状总结

1. 村内已有基本的绿化景观设计和绿化施工管理，但还在建设中。

2. 村内村民住房条件良好，但民宿业流量短缺。

3. 村内营销力度尚可，但营销渠道过窄。

4. 村内文化建设基本成型，但缺乏系统的整合。

二、设计理念

（一）SWOT分析

◎ S（优势）

1. IP 优势：兰文化根基深，村内兰花种类丰富。

2. 经验优势：拥有多位养兰大户，兰艺非物质文化遗产传承人。

3. 环境优势：自然环境良好，有完善的服务支持体系。

◎ W（劣势）

1. 地理劣势：远离市场，购物不方便。

2. 产业劣势：品牌意识薄弱、创新性产品稀缺、过度依赖花木产业。

3. 经营劣势：没有集中的平台，各家花木产业都以自营为主；村内的餐饮、住宿、购物设施过少。

◎ O（机遇）

1. 大学生乡村振兴比赛火热进行，激发创新活力，助推乡村多元化发展。

2. 近年来旅游热词"深度游""非遗热""旅游 +"与棠棣村旅游产业定位相契合。

◎ T（挑战）

1. 竞争者日益增多，同类型旅游产品亟待突破。

2. 乡村旅游景点日益城市化，一味追求"网红风"，缺少独有的古色古香的韵味。

（二）品牌定位

"幽兰芬馥，遥驰仙境"

幽兰独芬馥，落英绘瑶池。

自是逍遥客，驰骋忆韶华。

（三）品牌理念

"赴棠棣村，留一抹情愫缱绻"

登渚山台，误入瑶池仙地，遥望青烟人家。

过漓水河，信步花海香源，独采君子青兰。

探白石庙，品味琴声悠扬，对饮古今乡贤。

出棠棣村，静坐兰祖雅亭，偷得半日清闲。

（四）客户定位

1. 20 ～ 30 岁的游客

描述：经济基础好，注重生活品质，比起宅家，更愿意选择外出游玩。

2. 31 ～ 45 岁的游客

描述：消费能力强，体力充沛，社会阅历丰富、追求自由，喜欢户外生活。

3. 亲子家庭

描述：重视深度游，能够带孩子开拓视野、启蒙心智、放松身心、促进情感交流。

4. 周边村落的居民

描述：10 公里以内的村落为三社村、刘家村、吴家坞村、贾山头村等，周边村落居民可错峰前往。

（五）品牌体系

棠棣村"幽兰芬馥，遥驰仙境"品牌进阶指南分为三大体系：

1. 研学体系——增加研学旅行课程建设，以"德、智、体、美、劳"全面发展为主线，开设多结构多种类课程，以游览、观光、体验为核心，重视游戏性、艺术性、文化性内容。

2. 节庆体系——依托中华传统文化，通过"文化+青创"的模式，将中华传统文化融入棠棣村的美景之中，符合"+旅游"的主导思路，传递中华民族的价值观念、文化心理、生活方式和审美旨趣。

3. 农产品体系——以兰的多元素表现为主，开发设计一系列以文化和文明为基础的文创产品。保留兰的独特性，赋予兰的多元化表达方式，立足中国传统文化审美，将兰的历史淋漓尽致地表达在产品中。

（六）品牌策略

形象策略：加强历史文化传承，将棠棣兰文化元素与中国传统文化相结合，打造特色乡村风貌。

活动策略：丰富节庆活动体系，开展专业化的创新活动，拉动对村政府与村内相关产业的直接效益。

产品策略：加大产品推广力度，拓展产品表现形式，给产品增添附加利益，实现产品差异化。

文化策略：完善现有文化资源，提炼核心理念，实现"活"与"实"的当地特色乡村文化。

三、核心产品

（一）旅游产品体系

兰源·琳琅書苑、兰锦·仙珍膳堂、兰秘·风云花坞、兰馥·锦绣瑶池

1. 兰源·琳琅書苑

"一方自我充实之地，一个自然美学星球，一座连接古今的时空桥杂。静待花开，静待君来。"

现状：原兰文化馆，馆内设立兰之源、兰之器、兰之情、兰之艺四大展区，分别展出棠棣采兰人的风采及采兰器具、棠棣人培育的名贵兰花及与伟人名流的故事等，充分展示了棠棣村千年兰乡的内涵。馆内有几处教室大厅尚未被充分利用。

创新点：挖掘兰文化多元价值，创设兰文化教育课程体系。

意向概况：

◎ 线下：建立一套完整的课程体系

——课程内容

针对不同的年龄层，和各大高校、公司合作推出适合不同年龄阶段的研学课程，分为苗苗班、叶叶班、花花班（见表 1-1）。

表 1-1　课程设计情况

课程分类	VIP 定制课程	通用体验式课程
苗苗班（幼儿园大班至小学带家长体验）	兰花文化馆参观学习，兰花的品种辨认、自然体验、兰花的历史故事、兰花主题益智活动、卖兰花行话等	
叶叶班（初高中学生）	兰花文化馆参观学习、花木的种植与养护自然体验、棠棣村与兰花的历史、兰花美学绘画课、越王勾践植兰场景互动课、古代宗教、宗祠文化体验、认养农田、侍农体验	古代宗教、宗祠文化体验、认养农田、侍农体验等
花花班（大学及社会人士）	精神文明方面开设乡村振兴、美丽乡村、基层治理等方向课程，为浙江农村在乡村振兴征程中提供一些可借鉴、可复制、可推广的途径。传统文化方面开设兰花智慧种植研究、插花艺术培训等文化艺术类课程	

——课程领域：健康、科学、社会、语言、艺术、技术（见表1-2）。

表1-2　课程设计相关领域

课程领域	内容
健康	古代宗教、宗祠文化体验、认养农田侍农体验
科学	兰花智慧种植研究、兰花文化馆参观学习、越王勾践植兰场景互动课
语言	卖兰花行话、花文化馆参观学习
艺术	兰花美学绘画课、插花艺术培训等文化艺术类课程
技术	花木的种植与养护自然体验
社会	开设乡村振兴、美丽乡村、基层治理等精神文明课程、了解棠棣村与兰花的历史

——课程地点

智慧农业研究院：科学类、技术类。

兰文化馆大厅：社会类。

乡村振兰实训基地：科学类、社会类。

白石庙：健康类、语言类。

千亩花田：艺术类、技术类、语言类。

2. 兰锦·仙珍膳堂

"一个集餐饮·购物·娱乐·休闲于一体的精品兰花超市。"

现状：原兰谷苑，兰谷苑是现代化兰花观光展示园区。兰谷苑占地面积1500平方米，是全省一流的兰花温室培育中心。这里培植有上万盆、几十个品种的兰花，既有传统品种，也有科技品种。村内计划将兰谷苑打造成一家兰花超市，据了解目前兰花超市仅售卖兰花植株，品类过于单一。

创新点：超市体系重构，从单一传统购买模式到体验感十足的逛吃模式，实现新零售O2O模式。

意向概况：兰花超市。

◎ 功能设计

——美馔小集

棠棣特色糕点（汀兰芷糕）、酒品（黄酒、桂花酒、青梅酒）、饮品（玉兰花茶）。

特色菜区（棠棣人家：主营特色菜有荷叶粉蒸肉、西施豆腐、喉口馒头等）。

兰小花的馋嘴联盟区（引进烧烤、炸物、奶茶等一众小吃）。

——悠哉小集

兰小花乐高玩具体验区。

兰花儿童画与国画体验区。

棠棣村的复兴沙画体验区。

室内花园网红打卡区。

——潮品小集

兰小花的秘密空间系列：棠棣特色花卉盲盒、手账胶带、火漆印。

食韵兰天下雕刻系列：手工厨具套件、生活用品。

夜来香香囊系列：单花型、混合花型、植物型、水果型、香料型、东方型。

兰小花的礼物系列：棠棣特色纪念币、书签、邮票、明信片。

蕙质兰心系列：吊坠、耳饰、项链、手链。

3. 兰秘·风云花坞

再现"麻雀虽小五脏俱全"小型社区缩影。

◎ 现状：原星空露营基地，星空露营基地在棠棣村改建计划中位于千亩花田的西南角，现阶段只是一片空旷草地。其地理位置独特，依山傍水，但在帐篷样式选择上千篇一律，没有吸睛点。在寸土寸金的棠棣村也未对场地的功能区设计，没有充分利用土地资源。

◎ 创新点：带动乡村住宿的同时，个性需求多样发展，因地制宜的帐篷元素，点亮乡村旅游高光。

◎ 意向概况：小型社区。

◎ 功能设计

生活区：住宿（网红兰花帐篷、花卉房车）、饮食（烧烤自助、餐车）、卫生（网红厕所——五谷轮回处）。

娱乐区：营地篝火、乡间骑行、鱼塘垂钓、休闲棋牌。

商务区：集装箱洽谈间。

4. 兰馥·锦绣瑶池

"百里清新花如海，妙艺书香境相怀。他时若倦江湖梦，退隐花间红尘外"。

◎ 现状：原千亩花田，千亩花田的总面积为 16.7 平方公里，并将 300 余亩分散的丘陵山地改造成连片农田，种上鲁冰花、向日葵、彩色水稻、格桑花等。但与现在的网红花海如出一辙，没有博人眼球的项目活动作为依托。

◎ 创新点：借游戏、小说、影视剧等古风玄幻作品，再现古风花海，情景交融，让游客模拟一回逍遥红尘的江湖侠客。

◎ 意向概况：花海休闲体验区。

◎ 功能设计

——花海放灯

位置：樱花大道、羽扇豆花区。

体验内容：情侣之间定情，闺蜜之间散步聊天，打卡拍摄网红古装江湖照的好去处。夜间一起制作棠棣特有民俗天灯，许下美好心愿，随后和羁绊之人一起放飞。

——诗酒田园

位置：瓜果长廊、向日葵花海区。

体验内容：在木屋中可租赁烧烤设备和购买食材或者精美茶点，花海边长廊下和家人一起享受古人惬意的诗酒田园生活。

——江湖乐坊

位置：观景台。

体验内容：小型的音乐创意市集，可以观赏美景，聆听美乐，品尝美食的同时听听江湖八卦！

（二）节庆活动体系

节庆活动安排情况见表1-3。

表1-3　棠棣八大国风节安排情况

	棠棣风情	棠棣风雅	棠棣风采	棠棣风韵	棠棣风月	棠棣风骨	棠棣风味	棠棣风华
	春季		夏季		秋季		冬季	
公历	3月	4月	6月	8月	9月	10月	1月	2月14日
农历	二月初二	三月初三	五月初五	七月初七	八月十五	九月初九	腊月十六	
节日名	花神节	上巳节	浴兰节	乞巧节	中秋节	重阳节	尾牙祭	情人节
主题	万紫千红披锦绣，尚劳点缀贺花神	秉执兰草，拂除不祥	正是浴兰时节动，菖蒲酒美清尊共	七月天汉清如练，兰夜私语祭婵娟	桂花飘香传玉宇，明月清辉人间驻	祗敬感德、礼乐文明	万户谢灶神，十里看繁华	着我汉家华裳，赴卿爱人之约
主题活动	百花花神献礼	笄礼——"吾家有女初长成"	佳节浴兰共欢娱	月下穿针拜九霄	"广寒宫"飞仙赏月	赏秋夜宴	展非遗，逛食趣	百对情侣汉婚仪式
关键词	花朝祭祀礼、竹林七贤十二花神巡游、十二花神争霸赛	曲水流觞、祭祀高禖、祓禊、畔浴、射雁司蚕	浴兰汤、佩兰、斗草、创意角黍比拼	乞巧市、拜月、乞巧、斗巧、泡巧	秋暮夕月、扎花灯、食月饼、同饮桂花酒、嫦娥仙子	登高祈福、佩插茱萸、拜神祭祖、饮宴祈寿	环村古风国潮市集、非遗技艺、民俗美食、国粹、皮影戏	凤冠霞帔、点花钿、描青黛、抛绣球、烟火盛宴

1. 二月初二花神节

（1）花朝祭祀礼

地点：兰谷广场。

流程及细节：祭祀正式开始，主祭、从祭浣手焚香。接着是赏红、簪彩、布供等环节。"赏红"即由主祭、从祭领头，"十二花神"依次将红纸围在树上，表示对花神的祝贺。"簪彩"即将五色丝簪于桃枝上。"布供"就是将水果、花糕放置于供桌。在系花笺环节，主、从祭祀及"十二花神"将写上心愿的笺纸系在树枝上以祈求心愿的实现。两位祭司先后诵祭文、祭酒、敬香。最后，全体参拜，祭祀结束。

（2）竹林七贤十二花神游园会

地点：兰谷广场——兰馥·锦绣瑶池。

流程及细节：设立竹林七贤和十二花神两个方阵带队绕着棠棣村巡游，人们手提花神灯到兰馥·锦绣瑶池进行祈福，结伴游览赏花，引导大家到网红打卡点拍照。凡是上传抖音者可以获得与兰花有关的伴手礼，最后与竹林七贤、十二花神一起剪五色彩纸粘在花枝上。

（3）"缘梦棠棣"汉服相亲大会

地点：兰馥·锦绣瑶池。

流程及细节：每位会员都有一个相亲资料牌，包括编号、性别、年龄、身高、体重、职业、籍贯、择偶要求。每位会员同时可获得三张心愿贴，可以贴在心仪对象上。音乐暖场，主持人致开场词带动气氛，男女混坐，安排棠棣特色互动体验游戏——制花糕、包香囊，更设置投壶、你画我猜、两人三足等考验默契的小游戏。游戏结束，由男士主动向心仪的女士发送邀请，决定接受的站到男士身边即为成功。最后合影留念。

（4）十二花神争霸赛

地点：兰谷广场。

流程及细节：设置三个赛制分别是汉服走秀、才艺展示、自我介绍。评选规则为24位参赛选手分4组（每组6人）依次上台进行汉服走秀，6人走秀完毕后，选手再次上台进行才艺展示；每组选手汉服走秀、才艺展示都完毕后，6人再一起上台进行自我介绍，之后再由大众评审进行投票，每位大众评审每一轮手上只有4张票，需要6选4，投给自己觉得表现最好的4位选手，同一个大众评审不能出现给同一个选手2票及以上的情况。

2. 三月初三上巳节

（1）学习汉礼·浴兰节典故与习俗·汉服交际舞《以舞相属》

地点：兰源·琳琅書苑。

流程及细节：

◎ 由绍兴地区女同袍引导大家学习"立容""揖礼"与"万福礼"。"立容"属于站立礼；"揖礼"与"万福礼"属于相见礼，揖礼分为3种：天揖礼（晚辈对长辈所行之礼）、时揖礼（平辈之间）、土揖礼（长辈对晚辈的回礼）；"万福礼"主要是女子与女子相见所行之礼。

◎ 了解被禊、畔浴、祭祀高禖。被禊，指去灾病，在水边河边沐浴，用兰草洗身，举行用柳枝沾花瓣水点头身的仪式，为去灾祝福之意。畔浴：上古人们去河边水边，唐宋时流行泡温泉尤其露天温泉池，以春水洗涤污垢，认为这样做可以除祛整个冬天所积存的病害，在新的一年里清洁免疫，吉祥如意。祭祀高禖：管理婚姻和生育之神，又称郊禖，因供于郊外而得名。人们通过这种祭祀活动，除灾避邪，祈求生育。因此，上巳节又是一个求偶节、求育节。

◎ 在老师的带领下学习汉服交际舞《以舞相属》。在晚上的篝火晚会上一起跳舞。

（2）笄礼——"吾家有女初长成"

地点：兰谷广场。

流程及细节：活动现场，众人观礼，礼者通过迎宾、三揖三让、盥手、束发、加笄、醮、赐字等礼仪，令笄者明了：从今天起，自己就是一个成年人了，应该自强自立，担负起家庭和社会责任。向在场所有嘉宾解读《礼记·冠义》中所说，"凡人之所以为人者，礼义也""冠者，礼之始也"。笄礼作为女孩子的成人礼，像男子的冠礼一样，也是表示成人的一种仪式。汉礼呈现结束，发布次年笄礼招生宣传海报为次年的笄礼做准备，加大打折力度促进消费。

（3）曲水流觞

地点：兰秘·风云花坞。

流程及细节：大家坐在河渠两旁，在上游放置酒杯，酒杯顺流而下，停在谁的面前，谁就取杯饮酒，要将杯中酒一饮而下，并赋诗一首，否则罚酒三杯。众人整齐地正坐于草上席榻，摆上屏风，还有持扇的侍从，设有香炉烘托氛围。

（4）篝火晚会

地点：兰秘·风云花坞。

流程及细节：音乐起，主持人致辞，结束后进行篝火晚会点火仪式。切换热闹的音乐，游客将上午学习的汉服交际舞《以舞相属》手拉手围绕篝火展现。设置多个小游戏，例如：猜谜、击鼓传球、对歌赛、真心话大冒险等等。

（三）农产品体系

（1）农产品及衍生品

兰花植株、兰花花蜜、兰花花酒、兰花花茶，如图1-36所示。

图1-36　农产品示例

（2）文创及衍生品

食物类：兰花花型＋棠棣标志建筑雪糕、兰花花型＋白石庙系列元素月饼、棠棣特色花卉月饼。

饰品类：兰花戒指、耳环、项链、汉服发簪、旗袍胸针、盘扣。

美妆类：兰花花瓣彩妆、兰花花型彩妆、兰花浮雕公益彩妆、兰花花香彩妆、兰花功效护肤品、兰花系列彩妆套盒。

生活类：兰花挂钟、手表、香膏、台风、包、书法挂画。

厨具类：兰花图案筷子、碟子、餐盒、茶杯、勺子、果盘、菜刀。

手账素材类：棠棣特色花卉胶带、浮雕火漆印、书签、书封面、橡皮、铅笔、修正带。

其他：棠棣特色花卉刺绣 DIY 布料、永生花水晶球、手机壳，如图 1-37 所示。

图 1-37　文创及衍生品示例

（3）爆点产品

十二花神盲盒（见图 1-38）、兰花 DIY 素材包、怪味豆腐。

图 1-38　爆点产品示例

四、推广方案

（一）节日活动推广方案——花神节

1. 抖音：#棠棣村十二花神花落谁家#话题比赛、男性汉服 KOL 扮演竹林七贤发布邀约视频

（1）设立棠棣村花神节官方抖音账号。

发布活动海报、棠棣村花神节相关图片、视频。

（2）邀请 7 位拥有 2 万粉丝以上的男性汉服 KOL 扮演竹林七贤发布邀约视频。

视频文案如下：大家好，我是竹林七贤阮籍——鹿荼白。红紫万千披锦绣，尚劳点缀贺花神。4 月 14 日我在浙江绍兴棠棣村，邀您一同共赏国风盛宴。

活动开始前一个月，每天发布一位竹林七贤的邀约视频，在评论区邀请观众竞猜下一个扮演竹林七贤 XX 的 KOL 是谁，每天从猜对的人中选取 5 位获得免费门票。

（3）与汉服 KOL 合作拍摄 3～5 条宣传视频及与棠棣村景观融合的短视频。

视频文案如下：红紫万千披锦绣，尚劳点缀贺花神。浙江绍兴棠棣村花神节 4 月 14 日重磅来袭！

每 3～5 天发布 1 条视频，通过转发评论点赞抽奖，在下一条视频发布前抽 5 位评论者获得免费门票。以此类推。

（4）组织一个 #棠棣村十二花神花落谁家# 的话题比赛。

内容如下：邀请全国各地的同袍打扮成十二花神中任意一个月份花神，发布抖音短视频参与话题讨论并 @官方账号进行竞选。通过点赞数选取每个月的花神。选中的 12 位花神有机会与男性汉服 KOL 同台参与当晚的汉服走秀，一起游园，也能获得棠棣村相关文创产品、汉服发饰作为奖励。

2. 微博、微信公众号：多个品牌合力宣传

（1）设立棠棣村花神节官方号。

（2）与多个汉服品牌、汉服发饰品牌、汉服道具品牌合作。赞助商需要提供走秀中KOL的汉服、发饰、道具中的一个或者资金。赞助商可获得当日免费摊位，微博品牌宣传推文，抖音品牌宣传视频，宣传海报品牌logo；发布商家摊位招募，提供桌椅，每个摊位仅需100元/天；发布活动推文，图文并茂。转发微信推文，集满66个赞可获得当日免费门票一张，限量100张，先到先得。发布活动海报、图片、视频；发布品牌合集推文、KOL合集推文并@相关品牌账号和KOL账号。

（二）旅游地点推广方案——花无涯

1. 微信、微信公众号：H5页面"邀您开启大侠之路"古风短视频

（1）发布推文

推文内容将现代与古风游戏相结合，视频放置于开头吸引游客浏览。

（2）H5页面设计

兰馥·锦绣瑶池作为江湖中的一方世界，由古风游戏大V，仙侠电视剧演员出演拍摄一个大侠隐居手握江湖秘宝并邀请各路英雄豪杰前来参加在棠棣的英雄大会。

推文末附上二维码（扫描二维码报名参加棠棣仙侠大会）转发推文，好友点赞数达到一定数量，即可享受住宿8折优惠（获得各种小礼品），邀请公众号粉丝数量多的大号参与转发。

2. 抖音、微信视频号：#我要参加英雄大会#话题比赛、游戏大V发布邀约视频

（1）创立棠棣村仙侠英雄大会官方抖音号

投放3～5个在兰馥·锦绣瑶池拍摄的仙侠古风短视频和若干张仙侠NPC的照片，邀请KOL担任游戏中不同江湖门派的代表，重点宣传仙侠英雄大会、情侣花田相约、闺蜜之间的花海拍照。

（2）邀请5位拥有20万粉丝以上的游戏大V发布邀约视频

视频文案如下：大家好，我是曦帅。轻松修仙，快意行侠，在这里你可以酌酒品茗、焚香听雨、寻幽抚琴、逍遥红尘。赶快带上你的朋友相约棠棣村兰馥·锦绣瑶池，我在这

里等你。

邀请其在棠棣村兰馥·锦绣瑶池进行拍摄，用真人实景拍摄作为一个亮点来吸引众多粉丝。

（3）视频比赛附带话题讨论＃我要参加英雄大会＃

邀请全民参与视频比赛，附带加话题＃棠棣村英雄大会＃、＃棠棣村仙侠古风世界＃、＃真人实景NPC＃。视频内容可扮演仙侠类游戏角色、动漫角色、古风角色等，主办方选取热度最高的视频送出礼品，并邀请其来到兰馥·锦绣瑶池和游戏大V一起体验游戏乐趣。

（三）网红点推广方案——五谷轮回处

1.微博：＃五谷轮回处何许物也＃有奖竞猜

猜中者可获取一张免费门票。

2.抖音：探险五谷轮回处

（1）设立"棠棣五谷轮回处"抖音账号

发布有关网红厕所的图片与视频，内容如下：二次元兰花造型的外观，附有兰花造型的纸巾与售卖机，还有根据客户不同的表情智能赠送不同花香味的免洗酒精清洁剂的机器，不同朝代风格的厕所间设有不同的装饰品与场景，可供拍照等。

（2）邀请3位拥有5万粉丝以上的网红博主录制体验视频与发布照片

视频内容以网红进入厕所，感受厕所迷宫带来的乐趣为主。厕所入口处提供7种颜色，每种颜色代表着不同的入口。选择自己喜欢的颜色入口进入，需通过3个拐弯，每个拐弯设置不同的问题与2个不同的答案，最后到达目的地。目的地是不同朝代风格的厕所，且厕所门口处设置人偶及人偶性格分析，告诉顾客如果穿越回古代您将成为的历史人物。在通过迷宫的过程中，还有不同的装饰品可供游客拍照。

（3）每3～5天发布一条视频

通过转发评论点赞抽奖，在下一条视频发布前抽5位评论者获得免费门票。以此类推。

3. 微信公众号

（1）建立"棠棣五谷轮回处"公众号

推送推文《棠棣村竟然有了这些新朋友》，选取网红厕所内的4样物品，将其拟人化，以此吸引大家的眼球与留下悬念，邀请大家探险解锁剩下的物品与地点，鼓励大家转发评论点赞并抽取5位幸运者获得免费门票。

（2）每3～5天更新1篇公众号推文

在评论区邀请顾客写出自己期待在"五谷轮回出"见到的物品或人偶。从参加此活动的顾客中挑选1位幸运者获得免费门票1张。

（四）爆款文创产品推广方案——十二花神盲盒

1. 微信、微信公众号

（1）建立＃十二花神神奇植物盲盒交流群＃

由于每种花的花期、培养条件等都不相同，为了确保客人能够种出对应的花需建立微信交流群，有效地推广产品、树立良好口碑；提高复购率；抓住客户的定位；便于售后。

（2）发布推文

寻找文创产品大V转发评论，拍摄文创产品设计，以新奇设计来吸引广大消费者，拍摄广告视频进行推文投放。

2. 抖音、小红书

（1）盲盒开箱种草视频，带话题＃棠棣兰花文创＃

邀请10位拥有5万粉丝以上的文创类、汉服类种草姬拍盲盒开箱视频，带话题＃十二花神神奇植物盲盒来啦＃，视频中标记购买渠道，为每一个产品编写一个故事，使产品更吸引顾客。拍摄前期产品设计思路，制作视频等，在抖音号进行投放，重点强调隐藏款的特别性。参与转发话题，着汉服拍摄视频（和十二花神有关，如花仙子），转发投票数高的可获得兰花文创产品1份。

（2）抖音网红带货，种草姬直播

带文创产品进行视频拍摄（前期要设计好拍摄思路和角度，突出产品）。

邀请粉丝数量在 10 万以上的汉服博主扮演十二花神来推荐文创产品——十二花神盲盒。

探越寻蔬香，悠然见安华

选题来源：2021年绍兴市第一届大学生乡村振兴竞赛

项目负责人：浙江树人学院人文与外国语学院 2019级汉语言文学专业 严婉瑜

团队成员：洪 伟 李 利 李云龙 韦扬华 谭 燕 谈佳丽

指导教师：赵 芮 刘 俊 丁赞华

获奖信息：2021年绍兴市第一届大学生乡村振兴竞赛三等奖

一、调研概况

　　安华村是浙江省绍兴市柯桥区安昌街道下辖村，北部毗邻安昌古镇，南部与杭甬运河接壤，东南部接柯桥城区，西部与杭州市交界。村域面积288平方公里，辖东上沙，潘家湾、塘外、沙地寿、肖家楼、湖村、顾家埭等自然村。境内地势平坦、水网密布、河流纵横。安华公路，昌和路纵贯村域南北，镇南公路，上方山大道横穿村域东西，交通便利。

　　已获荣誉：浙江省美丽乡村特色精品村、浙江省高标准农村生活垃圾分类示范村、绍兴市农业科普基地、绍兴市"五星3A"达标村、柯桥区先进基层党组织等。

（一）特色资源

　　1. 优质腊味食品。

　　2. 正宗"霉"腌食品。

　　3. 四季蔬菜均有收成。

　　4. 景观树种植数量较多。

　　5. 花海面积较广，花卉品种较多。

　　6. 古桥历史悠久，文化底蕴醇厚。

　　7. 特色交通工具——乌篷船与竹筏。

（二）现有问题

　　1. 规划缺位：安华村在文旅方面缺乏体系化的策划与规划，整体开发水平比较低。

　　2. 产品落后：大多旅游产品按照投资者或农户自己的意愿来打造，不能匹配市场需求变化。

　　3. 人才缺乏：开发经营管理人才缺乏，人才培训与高素质专业人才引导方式须进一步突破。

　　4. 资金不足：民营企业资金短缺，政府政策资金有限，盈利模式与融资模式尚不清晰。

　　5. 基础设施不完备：虽进行环境卫生大整治、"厕所革命"等一系列配套项目，但仍然存在公共厕所较脏、路牌老旧等问题。

6.宣传薄弱：对村内宣传的力度较小，宣传平台仅局限于社区报纸与微信平台。

总结：当地缺少文旅规划，月亮湾蔬菜园等蔬菜基地缺乏统筹规划，安华村旅游资源未深度开发，现有旅游项目缺少规范化运营，且皆宣传力度小，资源未得到有效利用。

二、策划内容

《绍兴市乡村振兴战略规划（2018—2022 年）》于 2018 年正式发布，规划明确，全市围绕"书写好诗画浙江绍兴样板，努力创建国家乡村振兴示范市"这样"一个定位"实施乡村振兴战略。到 2035 年，乡村振兴目标基本实现，诗画浙江绍兴样板基本建成；到 2050 年，更高标准实现全体人民共同富裕，更高水平实现农业农村现代化。

（一）策划概述

综合当地文化背景、发展意向，本团队将借助"新农村建设"计划，以实现产业化价值为重要目标，包装、培育乡村文化。

具体措施：以体验式文旅为导向，以团队原创人物安安和华华为 IP，以构建田园、研学、休闲三种旅游体系为目标，针对不同市场主体差异设计三条路线：四季安华游、劳动教育研学游、亲子休闲游。每条路线包含不同时长的体验游项目。在此过程中，使一、二、三产业联动发展，与吃住游购学相结合，让其成为展示当地文化资源的窗口、拉动当地经济的强力引擎。并改造街道景观小品，添加情景化游憩节点。从而使当地文创、研学多业态融合，促进当地文旅产业升级和发展。

（二）基本理念

1. 理念细分

精心策划，科学规划，建设具有特色文化内涵的农文旅项目基地。

突出特色，创建品牌，以丰富的农文旅活动形式和产品吸引游客。

培养人才，科学运营，以良好服务和现代化管理促进项目成长。

2. 价值主张

提供休闲文化旅游的载体，为农村居民带来收益，为运营企业提供商机，为政府解决问题，形成多方共赢的局面。

3. 盈利模式

民宿＋餐饮＋文创＋农特产品销售＋中介服务收益＋特色活动。

（三）基本原则

1. 充分发挥当地特色资源。

2. 以蔬菜种植为重点，努力打响"水乡田园，蔬香安华"的"景村融合"田园生活乡村游品牌。

3. 基本实现全村联动性参与，让安华村民成为旅游发展主力军。

4. 以沉浸式体验旅游为抓手形成体系。

5. 致力于原汁原味的乡村文化之旅，让游客充分感受乡村优质民风。

6. 以多元化趣味性活动为线索带动产业发展。

（四）品牌定位

"蔬香·安华"

四季安华，季节限定之旅——春耕夏赏 秋实冬腊。

亲子休闲游——赏田、耕田、采摘。

劳动教育研学游——听农教、耕农田、观农作。

（五）安华村原创 IP 形象

1. 设计理念

"安安"以安华村耕田朴实的村民形象为依托，原型为村民在月亮湾蔬菜园区种植时的场景。旨在利用该 IP 彰显安华村村民勤劳工作、热爱土地的中国好农民形象，如图 1-39 所示。

"华华"以手捧蔬菜的 IP 形象，体现安华村蔬菜丰收的盛况，人人都能满载而归，用其笑容表现秋收之际，安华村民的满足，如图 1-40 所示。

图 1-39　IP 形象"安安"设计　　　　图 1-40　IP 形象"华华"设计

2. IP 形象产品

根据"安安"和"华华"的 IP 形象，设计如水杯、雨伞、日历、鼠标、抱枕、钥匙扣等相关产品。产品设计图如图 1-41 所示。

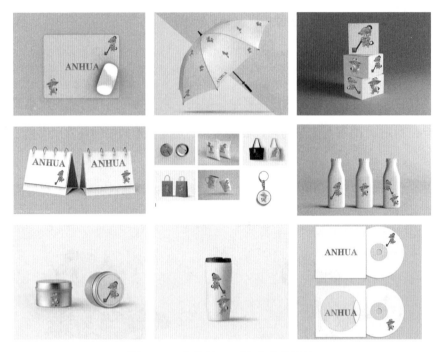

图 1-41　安华村 IP 形象衍生品设计

（六）景点规划

1. 月亮湾蔬菜景园

现阶段作为安华村主要蔬菜种植基地，后期将对月亮湾蔬菜园区进行扩大，游客可在此进行春耕、夏作、秋收等农业活动，亲身体验其中，方可知粒粒皆辛苦。

2. 家宴中心

民以食为天，好的美食可以让人远道而来。作为绍兴市的安华村，利用自身优势，创建安华特色餐饮部，其中可包括三大餐饮区域。

（1）绍兴传统美食区

建立绍兴传统美食区，让外地游客充分体会到绍兴美食的魅力。

（2）"霉"腌菜品区

利用安华村生产的梅干菜、腌肉等食材，为游客制作优质美食，可以适当增加顾客的购买欲。

（3）腊味主题餐饮区

以安华村招牌腊味为依托，推出一系列的腊味美食，只"胃"爱上安华。

3. 文化礼堂

在安华村的文化礼堂里，每周五晚七点十五分会开展一场文艺表演。充分挖掘各种民间传统文化资源，大力推进乡村文化艺术创作，积极打造特色乡村文化产业，如图1-42所示。

图1-42　文化礼堂

4. 特色基地

安华村草地占比面积较大，且村庄干净整洁，可用作户外特色基地建设。

（1）户外美术写生场所

四季如画的安华村外景，可供美术学子将其绘制到画中，且村内多长寿老人，可做绘画模特，对于绘画人像技巧训练有助。

（2）定向长跑、骑行基地

村内空气清新且道路情况良好，可以供定向运动或马拉松、骑行运动的开展。

（3）野餐、房车基地

真正把衣食住行融入安华村的生活，享受户外饮食与住宿。

（4）美食欢乐夜市基地

文化广场开阔平坦，可用作夜市摊位，增添烟火气的同时吸引游客夜晚消费。

5. 特色民宿

安华村目前拥有可利用房屋较多，将其设计成为特色系列民宿，可增强游客的归属感。

（1）大禹治水故事主题房

当地流传着大禹治水的相关历史故事，可以将该故事以动画墙绘的方式，结合民宿，设计儿童所喜爱的动画故事房。

（2）田园生活主题房

安华村作为蔬菜大村，可将田园风光绘制于房，将房中色调向果蔬色彩看齐，使其在室内室外都有田园之感。

（3）露营主题户外区

设置房车停靠区、露营区，利用蒙古包或帐篷的形式，搭建田园内的住宿环境，满足人们真正融入自然的需求。

6. 露天电影院

露天电影场地目前供村民观看喜爱电影，如抗战片、爱情片、喜剧片等喜闻乐见的电影节目，犹如回到 20 世纪 80 年代齐坐公社门前看电影的场景，未来可作为怀旧主题项目，通过放映的方式让记忆回到某个节点。

7. 特色壁画区

墙绘位于村庄内各村民住宅外墙，主要以绘制田园风光、书写党建文化内容、体现村内文化等内容呈现，是村中拍照打卡的好去处。

8. 小桥流水游玩区

绍兴水乡特色的小桥流水人家，其中以乌篷船与竹筏作为交通工具，在此可游乐、观赏、打卡。

9. 稻田·荷花丰收区

捞鱼、采莲、垂钓活动，让生活更加美好。

（七）体验项目总览

体验项目情况见表1-4。

表 1-4　相关体验项目

	体验项目
吃	家宴中心、十碗头、忠州香辣菜馆、安昌酸菜鱼馆、农家大锅台、六安饭店
住	安华村主题民宿、三星级酒店安昌大酒店、开元曼居酒店、穗安客栈、星光商务宾馆、金国宾馆经济型酒店
游	古色古香的石板桥及水车 粉黄油菜花田、荷花池、小雏菊、蒲公英、红枫叶、各色景观树等 以蔬菜为主题区域——七彩农屋、蔬映两岸、蔬约安华、蔬海农心、月亮湾蔬菜园 特色壁画、安华党建展示区 自行车专道、漫步安华特色人行道 各类特色基地
购	安华特色腊味产品 纯天然绿色蔬菜 安华村周边产品——安华创意雪糕、安华人物玩偶等系列文创周边
学	党建文化区 农学扩展基地 写生摄影基地

（八）路线规划

1. 四季安华——季节限定游

春日浪漫行活动安排见表1-5。

表 1-5　春日活动安排情况

春日浪漫行（春耕播种节、缤纷油菜花节、春日风筝节）			
时间	上午	下午	晚上
一日游			
Day1	花海公园游花海 DIY 风筝	体验春耕播种 领养绿植 / 野餐	文化礼堂观影 家宴中心、趣味夜市
二日游			
Day1	花海公园游花海 纸鸢制作与放飞	体验春耕播种 领养绿植	露天电影观影 家宴中心、趣味夜市 入住特色民宿
Day2	骑行 / 定向安华，运动清晨 采摘新鲜时令果蔬，准备野餐食物	野餐 手摇乌篷船，游安华	自制柴火饭、野炊生活

夏日耕作行活动安排见表 1-6。

表 1-6　夏日活动安排情况

夏日耕作行（甜蜜西瓜节、蝉鸣纳凉节）			
时间	上午	下午	晚上
一日游			
Day1	赏荷花、采莲子、品荷味	收割油菜花，体会榨油乐趣 棚中摘西瓜，体验西瓜美食制作	露天电影观影 家宴中心体验十碗头 入住特色民宿
二日游			
Day1	赏荷花、采莲子、品荷味	稻田捕鱼 / 野钓小龙虾	自制柴火饭、野炊生活 入住特色民宿
Day2	撑一支竹篙游安华 / 乌篷船	收割油菜花，体会榨油乐趣	

秋日丰收行活动安排见表 1-7。

表 1-7　秋日活动安排情况

秋日丰收行（安华记忆录、田园丰收节）

时间	上午	下午	晚上
一日游			
Day1	蔬菜园自摘绿色果蔬	体验收割稻田，打晒谷子 骑行安华	自制柴火饭、野炊生活
二日游			
Day1	蔬菜园自摘绿色果蔬 制作果酒	体验收割稻田，打晒谷子 骑行安华	入住特色民宿 露天电影观影
Day2	骑行/定向安华	打卡田园风景台 稻田捕鱼	自制柴火饭、野炊生活

冬日狂欢行活动安排见表 1-8。

表 1-8　冬日活动安排情况

冬日狂欢行（腊月风情节）

时间	上午	下午	晚上
一日游			
Day1	体验搡年糕、裹粽子	晾晒新鲜蔬菜 制作"霉"腌食品及酱货 腊味市集	自制柴火饭、野炊生活家宴中心体验十碗头
二日游			
Day1	体验搡年糕、裹粽子	晾晒新鲜蔬菜	入住特色民宿 家宴中心体验十碗头
Day2	花海公园赏腊梅	制作"霉"腌食品及酱货 腊味市集	

2. 亲子休闲游

亲子游活动安排见表 1-9。

表 1-9　亲子游相关活动安排

亲子休闲游		
一日游		
Day1	家庭齐心放风筝 田园观光台，齐拍全家福	手摇乌篷船， 游安华	游览蔬菜采摘园区，亲手采摘食物进行菜品制作
二日游		
Day1	家庭齐心放风筝 田园观光台，齐拍全家福	手摇乌篷船， 游安华	游览蔬菜采摘园区，亲手采摘食物， 自制柴火灶 入住亲子主题民宿
Day2	两人/三人单车骑行	稻田捕鱼 亲子墙绘绘画	文化礼堂、露天电影院观影

3. "我与安华共耕作"劳动教育研学之旅

"我与安华共耕作"劳动教育研学相关活动安排见表 1-10。

表 1-10　劳动教育课堂安排

"我与安华共耕作"劳动教育课堂		
Day1	体验农耕生活 参与播种、除草、耕地	乌篷船竞速赛	户外野炊，自主动手做晚饭

4. 建党 100 周年特色游——党建文化之旅

党建文旅活动安排见表 1-11。

表 1-11　党建活动安排

党建文化之旅		
一日游		
Day1	参观安华村党建成果 聆听安华村讲解员对 村内党建故事演说	探望村内老党员 听退役老兵讲述军旅故事 参观党建墙绘作品，游览安华花海	观看文化礼堂演出
二日游		
Day1	参观安华村党建成果 聆听安华村讲解员对 村内党建故事演说	探望村内老党员 听退役老兵讲述军旅故事 参观党建墙绘作品，游览安华花海	观看文化礼堂演出 入住党建主题民宿
Day2	骑行安华，呼吸安华村 清晨的清爽空气	野餐进行时，制作"红军餐"	露天电影观影

（九）活动规划

1. 主题夏令营游玩计划

每年暑期，月亮湾蔬菜园举行不同主题的夏令营活动，包括活力夏令营、田园夏令营、军事夏令营、劳教夏令营等。每期活动由村委制订计划、路线、创意活动内容与方式，安排学生食宿出行。让孩子们体验别样、新奇的夏日体验游。

2. 安华记忆录——摄影·写生大赛

每年秋冬时节，正值安华村农耕丰收、腊味正浓之际。举行夏末宣传大赛，设置奖项，邀请专家评审团，吸引摄影、写生爱好者、专业绘画者参赛。

3. 健康："安华氧吧"健身活动

此计划旨在鼓动健身爱好者长期前往，成为半固定客户，使之真正成为城市休闲地。

具体实施：建立"绿色积分"体系，动员游客注册"绿色账户"，每打卡一个艺术休闲体验游项目可积攒相应分数，并以线下兑换当地特产或消费券激励方式吸引都市人员。

（十）节庆规划

1. 春耕播种节——亲手体验播种希望的乐趣。

2. 春日风筝节——春天的天空是风筝的世界。

3. 缤纷油菜花节——与乡村亲密接触。

4. 蝉鸣纳凉节——于村内榕树下，听蝉鸣，扇蒲扇。

5. 甜蜜西瓜节——自摘西瓜，沉浸在西瓜的甜蜜之中。

6. 田园丰收节——体会庄稼人一年一度盛典。

7. 乌篷船竞速节——独特水上交通工具之间的较量。

8. 腊月风情节——品尝优质腊味，浓浓年味尽在安华。

三、运营规划

（一）项目可行性分析

1. 周末短途游发展成效显著，市场需求旺盛。

2. 各大旅游企业开始布局周末短途旅游细分市场。

3. 周末短途游发展时间短，市场门槛和从业等要求尚未完全标准化。

4. 存在一系列有待解决的关键问题，专项调研发现，超过一半的受访者认为产品缺乏教育意义；38% 的受访者认为产品设计不合理、同质化严重、性价比差等产品问题突出。

5. 旅游活动在时间层面上呈现季节性的特点。

6. 旅游活动的类型多样化，旅游资源的季节差异性，旅游者闲暇时间的不均衡性等因素的存在，使得旅游者选择不同时间段出游。

7. 根据季节、气候制定不一样的旅行线路来吸引游客显得尤为重要。

8. 通过推出季节限定，使游客们对本村庄产生持续的新鲜感，留住回头客。

（二）项目保障

1. 安华村自身保障

（1）全村实现全路段摄像头覆盖，可全方位把控村内治安道路，保安室 24h 有专人监控。

（2）村民能歌善舞，每周文化礼堂活动如火如荼，村民参与度极高，表演节目来自各艺术团。

（3）村内民风淳朴、热情好客，配合村内旅游事业的发展。

2. 人流量保障

（1）安华村地处杭绍柯桥交界处，临近安昌古镇，客流量有所保障。

（2）安华村特色——纯天然蔬菜的市场需求量大，人们对于自摘绿色蔬菜需求高涨。

（3）四季项目均有不同，可以给游客带来不一样的新鲜感。

（4）腊味制作工艺优质，有固定客户群体，可发展客户较多。

（三）客户引流

借助精准引流的基本思路：确定目标客户群＋引流渠道。

目标客户群：

1.中小学生——由学校或社会教育机构组织。

2.中产阶级家庭——拥有一定享受生活的情怀。

3.艺术生、艺术专家。

4.老年旅游团、老年红色自由行。

5.公司或大学生组织的团建活动。

（四）引流渠道

1.线上

（1）抖音

◎ 拍摄安华村特色旅游项目宣传片，并带话题 #浙江美好推荐官 #旅行推荐 #乡村生活 发布在抖音，增强抖音用户对安华村的了解，扩大安华村知名度。

◎ 邀请抖音流量博主来安华村进行旅行体验并拍摄旅行游记发布在社交平台。

◎ 定期开展抖音旅行直播，邀请旅行博主及安华村委领导班子担任主播，宣传春夏秋冬旅行体验品牌，主要展示安华四季旅行的各项活动。

（2）微信公众号

◎ 开通安华村官方微信公众号，介绍旅行项目，绘制电子邀请函。

◎ 更新安华村旅行推文，由专人负责文案撰写，记录安华生活点滴。

◎ 根据四季安华，在微信公众号中设置不同的栏目。

（3）小红书

◎ 建立安华村官方小红书账号，主要负责推广主题民宿及主要活动。

◎ 设置网红打卡点，吸引游客前来打卡，带动相关项目发展。

◎ 根据安华村设置的旅行项目，在小红书发布旅行攻略。

（4）微博

◎ 开通安华村官方微博，由专人负责安华摄影与文案工作，定期发布在微博。

◎ 开通微博话题"探越寻蔬香,悠然见安华",邀请游客发送安华相关微博时附带话题,并对优质内容转载,同时设置抽奖活动。

2. 线下

（1）向周围学校、超市、快递点投放安华村相关旅游宣传单及文化册。

（2）在杭州及绍兴市中心繁华地带，开设安华村风光摄影大片及周边产品巡展。

（3）在城市投屏放映安华村宣传片，让安华景致走进千家。

II

乡村品牌节庆与活动传播

快乐劳动，手到"勤"来

——梅坪村5·1亲子劳作节活动及营销方案

选题来源： "裕农通杯"第四届浙江省大学生乡村振兴创意大赛—招标村—人文公益类

项目负责人： 浙江树人学院人文与外国语学院　2020级网络与新媒体（3+2）　周涵其

团队成员： 张卓仁　马　钰　高　越

指导教师： 叶　菁　赵　芮

获奖信息： "裕农通杯"第四届浙江省大学生乡村振兴创意大赛主体赛三等奖

一、村内概况

（一）前期调研

基础调研（案例研究、乡村现状、历史文化、自然景观、人文景观）；

走访当地政府，了解村里需求等；

确定现场场地，如文化礼堂等；

和当地村民沟通，了解村民合作意愿；

（二）基本概况

梅坪村人口 1300 余人，区域面积 558 平方公里，地处新安江街道和更楼街道交汇处，距建德主城区仅 5 公里，距建德南站（在建）不足 4 公里，汪黄线沿村而过，紧邻寿昌江。

梅坪村作为未来高铁旅游消费的"客厅"，其自身具有得天独厚的自然资源及地理区位优势。

梅坪村以"梅"的景观文化、道德文化、饮食文化作为独特的村级品牌文化，吸引了一批爱梅赏梅的游客，已成为建德城郊的一道具有独特韵味的靓丽风景。

（三）乡村印象

村内景点：农夫山泉厂区；赏梅；古高庵；梅花大道。

地理位置：杭州市建德市新安江街道。

特色美食：家宴中心，农家乐。

未来发展：高端民宿心安小镇；家宴中心；婚纱拍摄基地；建德南桥。

二、现存问题

1.村内经济效益低下，村民多自给自足，鲜有额外收入。

2. 城乡壁垒比较严重，须打破壁垒，拓宽收入链。

3. 村民高等素质教育普及程度较低，村民凝聚力不强。

4. 大礼堂结构紧凑，家宴中心功能局限性大。

三、解决方案

以乡村品牌节日为契机，提高村民凝聚力，打破城乡壁垒，实现乡村振兴。

活动名称：梅坪村 5·1 亲子劳作节。

活动主题：快乐劳动，手到"勤"来。

活动特色：

（1）调动本地村民，培养新型城市村民。活动打破了传统意义上的务农活动——只务农事，如采蔬菜，将团结当地村民这一暗线巧妙地融入"咱村的节日"中，将临时来参加活动的城镇人也纳入村民的范畴，利用一日游的形式让游客在务农事的同时和当地村民打交道成为好友。

（2）弘扬粒粒皆辛苦，实现城乡一家亲。活动寓教于乐，将"互帮互助才能成功"的观点以玩乐的方式融入活动，让孩子们在和村民的相处中了解城村一家亲；并且利用活动项目，让孩子亲身体会务农的辛苦，更好地了解"粒粒皆辛苦"的含义。

（3）促进三产融合，实现多元营收。活动盈利模式将打破"务农事活动只靠门票赚钱"的固定思维，将盈利的方式变成场地租借、产品售卖、体验消费等，让游客参与体验农家劳作，利用餐饮副业带动全村共同富裕。

四、活动策划

活动名称：5·1 亲子劳动节。

名称释义：梅坪距离城区 5 公里，只要迈出 1 小步，就能打破城乡壁垒，让城乡更加了解彼此，成为亲近的一家人，5·1 既活动时间 5 月 1 日，又代表"化 5 公里为 1 小步"，缩短城乡距离。

活动对象：本村村民和建德市居民，主要针对亲子、情侣、闺蜜等。

时间：每年5月1日。

地点：梅坪村。

活动定价情况（见表2-1）：

表2-1 活动相关定价情况

游客性质	参加1个活动价格/元	参加所有活动套票价格/元
当地村民	25	158
城镇居民	30	198

注：小孩半价，且须在监护人陪同下参加活动。

活动内容：

（1）"正值儿童弄渔舟"

让更多的村民和游客享受节日氛围。孩子们可以体验田园农耕文化的乐趣；大人们在节假里放下疲惫身躯，拥抱大自然。

（2）"水果好时节，当下乃发生"

让城镇居民走出自己的舒适圈。城镇居民来到乡村田野，打破与梅坪村的隔阂；开拓眼界，了解水果种类，体会采摘水果的乐趣。

（3）"颗颗皆汗水"

孩子来到乡野田间，体会蔬菜种植和采摘的不易，激发"粒粒皆辛苦"的意识，加深对于粮食的认知。

（4）"梅花的前世今生"

打造梅坪村标志性景点，加深游客对梅坪的好印象。

活动一："正值儿童弄渔舟"

◎ "鱼跃鱼潜乐自知"——摸鱼争霸赛；

◎ "好著丹青渔画取"——绘"渔"大赛；

◎ "稚子弄水池塘里"——水枪大赛。

活动地点：当地稻田，可以参考 2019 年梅坪村举办的摸鱼活动地点。

活动准备：

（1）沟通当地农户，向其租借农田放置鱼苗。

（2）前期准备部分鱼苗，保证活动可以进行。

（3）准备一个为游客存包的地点，保证游客财产安全。

（4）提前招募工作人员，提供满意的报酬，并对其进行上岗培训。

（5）10 套画画工具（包含画架、椅子、画画工具）。

（6）10 套水枪。

（7）购置不同颜色的队服。

1. "鱼跃鱼潜乐自知"——摸鱼争霸赛

组队规则：每一场比赛为 15 分钟。每组人员为 5～10 人、2～4 名儿童，每组必须由本村村民和到访游客组成（每组不少于 3 人），共 5～10 组。

活动流程：两组进行比赛，两组用剪刀石头布的方法按照顺序挑选摸鱼工具。利用工具在规定池塘内摸鱼 15 分钟，根据鱼的数量最终决出冠、亚、季军和优胜奖，发放比赛奖品。

活动奖励：冠军可以获得 1 张农家乐餐品 8.8 折优惠券，亚军可以获得农家乐中特色菜品兑换券 1 张，季军可以获得农家乐餐品满 150 减 20 元优惠券，优胜奖赠送纪念品 1 份。

2. "好著丹青渔画取"——绘"渔"大赛

活动流程：在进行摸鱼比赛的同时，我们也会邀请孩子们参加绘画创作比赛。首先，让孩子们自主报名参加比赛；其次，进行绘画创作，创作时间为 10 分钟，画下摸鱼比赛的现场；最后，由每场摸鱼参赛者投票选出前三名。

活动奖励：第一名获得"特色鱼汤菜品券" 1 张；第二名获得"5 折特色鱼汤菜品券" 1 张；第三名获得"7 折特色鱼汤菜品券" 1 张。

3．"稚子弄水池塘里"——水枪大赛

活动流程：为了更好地庆祝美好的节日，在摸鱼比赛和绘画比赛结束后，我们准备了若干水枪，分为两组，每组 6 人进行比赛，比赛时间为 10 分钟，比赛期间每个参赛者都需在腰部佩戴一个特质小水桶腰带。比赛结束后两队参赛人员将自己水桶里的水倒入量筒中，水量最少的队伍获胜。

活动奖励：赢得比赛的队伍成员将获得 1 张 9 折农家乐个人体验券。

活动二："水果好时节，当下乃发生"

◎ "果枝婀娜榴实繁"——采摘水果大赛；

◎ "酱香醇厚惹人怜"——果酱制作体验；

◎ "弄冰捣果又一年"——水果老冰棍制作体验。

活动地点：当地果棚（初定：建德市莓坪专业合作社）。

活动准备：

（1）沟通建德市莓坪专业合作社，向其租借场地。

（2）前期准备部分水果，保证活动可以进行。

（3）准备一个为游客存包的地点，保证游客财产安全。

（4）提前招募工作人员，提供满意的报酬，并对其进行上岗培训。

（5）在游客比赛的时候进行水果处理，准备好奖品。

（6）电磁炉 10 个，炉子 10 个，碗 50 个。

（7）干净的玻璃瓶 50 个，棒冰模具 50 组。

（8）白砂糖若干。

1．"果枝婀娜榴实繁"——采摘水果大赛

组队规则：每组人员 5 ～ 10 人，2 ～ 4 名儿童，每组必须由本村村民和到访游客组成。

活动流程：从规定的水果果园内采摘水果，例如杨梅、葡萄、水蜜桃和猕猴桃等，15分钟后计算数量，哪一队的数量多可以获得水果畅吃的资格。

活动奖励：在采摘结束后，制作成水果汁或者作为水果餐在活动后补充体能。水果餐大致上以 4～5 种水果任吃半小时为主，水果汁由果园采摘 1 斤左右水果现场榨汁并灌装后带回。

2."酱香醇厚惹人怜"——果酱制作体验

活动流程：玩家准备好采摘的水果、锅子、玻璃罐子和白砂糖，跟着当地的老师学习果酱的制作。玩家们可以根据自己的喜好，制作果酱，最后盖上玻璃罐的盖子，送入冰箱速冻 1 小时，结束制作果酱的环节。

活动奖励：制作量多的玩家，可以售卖给没有参加水果采摘和果酱制作的游客，并且村子中的果酱统一定价为 10 元 / 罐，不得高于定价，否则取消售卖资格。以此激励玩家参与水果果酱制作的活动，提高人气。

3."弄冰捣果又一年"——水果老冰棍制作体验

活动流程：村里设计了水果老冰棍的制作体验环节为采摘完水果的游客提供一丝清凉。老冰棍的材料就地取材——水果采摘环节中采摘的水果，由村民带领游客制作自己心仪的冰棍。

活动奖励：制作冰棍最多的游客，可以售卖给没有参加水果采摘和冰棍制作活动的游客，村子中的冰棍统一定价为 5 元 / 支，不得高于定价，否则取消售卖资格。以此刺激玩家参与水果冰棍制作的活动，提高人气。

活动三："颗颗皆汗水"

◎ "满园春色摘不完"——亲子蔬菜采摘赛；

◎ "浅学农事了迷茫"——农事课程；

◎ "手种云苔二百株"——蔬菜种植体验。

活动地点：当地蔬菜大棚。

活动准备：

（1）沟通当地农户，向其租借蔬菜大棚。

（2）前期准备部分蔬菜，保证活动可以进行。

（3）准备一个为游客存包的地点，保证游客财产安全。

（4）提前招募工作人员，提供满意的报酬，并对其进行上岗培训。

（5）制作蔬菜宣传册。

（6）准备蔬菜小贴纸，现场发售。

（7）准备务农知识视频。

（8）提前安排活动场地座位。

（9）提前准备好需要的蔬菜模型，方便让小朋友更加直观地了解蔬菜的样貌。

1. "满园春色摘不完" ——亲子蔬菜采摘赛

组队规则：每组人员 5 ～ 10 人，2 ～ 4 名儿童，每组必须由本村村民和到访游客组成。

活动流程：每一组在村庄提供的农田采摘区域进行时令蔬菜的采摘，在 10 分钟内，哪组采摘的蔬菜种类多可以积 1 分，采摘的数量多积 2 分，如果孩子可以回答出所采摘的蔬菜名称也可以积 1 分，最后按照每组的积分，决出冠、亚、季军，发放奖励。

活动奖励：冠军可以获得农家乐餐厅免加工费券及特色菜品兑换券 1 张；亚军可以获得农家乐餐厅特色菜品兑换券 1 张；季军可以获得农家乐餐厅免加工费券 1 张；其余小组可以向村庄租借场地进行菜品制作，也可以给农家乐餐厅支付一定的加工费，让他们制作美味的菜肴，品尝自己采摘的蔬菜。

2. "浅学农事了迷茫" ——农事课程

活动流程：由当地村民组织并带领孩子在大礼堂观看务农知识视频，并且设置问答环节，答对 1 题积 1 分，答对 3 题及以上的孩子能够获得奖励。

活动奖励：奖励务农知识手册，让孩子可以更进一步地了解"粒粒皆辛苦"的含义。

3. "手种云苔二百株" ——蔬菜种植体验

组队规则：每组人员 5 ～ 10 人，2 ～ 4 名儿童，每组必须由本村村民和到访游客组成。

活动流程：由当地村民示范如何种植蔬菜，示范期间让孩子们在一旁学习，学习完成后挑选自己心仪的蔬菜种子，在事先准备好的小花盆中种植属于自己的蔬菜，并带回家中，用自己学习到的务农知识对其照料。

活动奖励：每位参与活动的孩子将获得蔬菜种子大礼包，里面有各种各样的蔬菜种子，可供孩子在家里自己种植。

活动四："梅花的前世今生"

"正是赏梅好时节"——网红打卡点

活动内容：邀请游客在梅坪村寻找特色的小标志——梅花灯，当游客集攒到 50 个，赠送特色明信片。

活动五：活动餐饮基地

人以食为本。好的餐食可以留住客人。在本次活动中，我们将餐饮基地设置在家宴中心和当地农家乐。

1. 餐饮基地为主要侧重

（1）强调干净简单，让游客体验到地道的农家乐；
（2）利用优惠公道的价格让游客愿意买单。

2. 餐饮基地优惠手段

消费满 128 赠送农家乐特色菜（固定菜）一道，激发消费者二次消费的欲望。梅坪当地农业强调自给自足，可以提供的农家菜较少，建议参考"山妹子"待客的菜单，用精致的菜名修饰简单的家常菜。梅坪处于新安江附近，也可以参考江附近的农家乐的餐食，价格调整即可。

五、营销策略

1.利用网红效应，借助新媒体平台推广。

2.邀请参加者撰写评论发布在大众点评上。

3.将"粒粒皆辛苦"作为活动价值观，多次强调。

4.以"城乡一家亲"为活动口号进行宣传。

营销一：微信推广方案

（1）微信公众号发布推文，邀请部分区域大 V 转发，并给大 V 免费的抽奖名额和 8.8 折购买的链接，进行公众号资源置换，抽奖的内容为体验套票（此套票可参加 3 个活动）。

（2）在官方微信公众号留言，点赞数最高的 3 位可以免费获得"梅坪村 5·1 亲子劳作节"套票。

（3）邀请浙江发现等知名娱乐公众号前来免费体验"梅坪村 5·1 亲子劳作节"，邀请他们撰写推文，并给他们专属的 8.8 折折扣。

营销二：小红书平台推广

（1）在小红书建立专属账号，认证官方账号，提前累积粉丝，并邀请当地人关注，保证在节日开始前一个月吸引足够的流量。

（2）提前邀请一部分亲子博主来体验活动，并且邀请他们发布推文，并为他们的粉丝提供特殊的折扣——8.8 折。

（3）在小红书发布网红打卡点，让人们前来打卡，拍照打卡集攒到 50 个，就送"梅坪村 5·1 亲子劳作节"纪念明信片。

临海"七彩西兰花节"策划方案

选题来源： "建行裕农通杯"第五届浙江省大学生乡村振兴创意大赛—招标村—乡村
          人文公益类

项目负责人： 浙江树人学院人文与外国语学院　2018级网络与新媒体专业　刘　倩

团队成员： 刘玉龙　杨振鸿　高鸿渐　王茜雅

指导教师： 叶　菁

获奖信息： 2020年浙江树人大学乡村振兴创意大赛三等奖

一、基础调研篇

（一）国内西兰花基本研究

1.西兰花的种植区域

（1）国内

中国是西兰花（俗称青花菜）重要的生产国，种植面积超过 7.6 万公顷，总产量 354.7 万吨约占世界总生产量的 30%。目前，全国的五大西兰花产地主要分布在河北、江苏、湖北、浙江、湖南等五个区域。

（2）浙江

浙江是全国秋冬西兰花的主产区，种植面积达 20 余万亩，年产量约 30 万吨，产值近 10 亿元，主要集中在台州、温州、宁波、绍兴和嘉兴等沿海地区和钱塘江两岸。

（3）临海

临海西兰花于 1989 年由上盘镇劳动村村民开始引种试种。2003 年临海被授予"中国西兰花之乡"称号，随之逐年扩大种植面积，年产量达 12 万吨，产品占浙江西兰花总量的 50%，全国的 25%，成为全国规模最大的冬春西兰花生产中心和重要的国际西兰花生产基地。

2. 西兰花的市场情况

（1）国内需求

类型趋于丰富：塔型、多色（紫色、橙色和粉色）、松花型等品种逐渐上市，满足不同阶层。

产品多样化：除鲜食花球，西兰花腌渍品、冷冻品、加工品（干脆片、冷冻水饺等）、保健品（西兰花提取物、莱菔硫烷）、芽苗等产品逐渐上市。

消费大众化：由中高档消费逐渐向大众化过渡，成为常态化高营养菜，趋于大宗蔬菜，人们对西兰花的消费需求逐渐增加。

（2）外贸需求

日本是世界上最大的西兰花进口国，每年进口西兰花达 7 万～ 11 万吨；东南亚国家和地区每年要进口西兰花 2 万～ 3 万吨，并且有逐年增长趋势。近年来，全国出口日本的西兰花有 70% 来自台州。台州西兰花在价格上具有绝对的优势，产地收购价仅为出口国家零售价的 1/8 左右，加工与销售有较大的获利空间。

3. 西兰花特色消费市场

（1）老人群体：西兰花中含有丰富的钙元素、维生素 C、维生素 K、抗氧化成分和类黄酮化合物，有助于保护血管、延缓衰老、补钙健身。

（2）婴儿群体：西兰花中含有丰富的纤维和钙、锌以及微量元素，可以对宝宝起到强化骨骼、促进生长的效果。

（3）减肥群体：西兰花是各类减肥餐中最常见和最基本的蔬菜之一，由于西兰花的含水量高达 90% 以上，所含热量低（每杯 23 ～ 32 千卡），因此对希望减肥的人来说，它既可以填饱肚子，又不会使人发胖。

（4）西餐厅和减肥餐厅：我们几乎在各类西餐上都能见到西兰花的身影，西兰花浓情汤、意式番茄西兰花、奶油西兰花汤以及牛排餐中的西兰花等，西餐厅可以说是西兰花最大的消费市场之一了。由于西兰花优异的减肥效果，使其成为了减肥人群和减肥餐餐厅青睐的对象，其中，西兰花在减肥餐消费中占到了相当大的比重。

（5）快餐店和食堂：随着我国经济的快速发展和人们生活水平的提高，西兰花由高档蔬菜变成了平民蔬菜，它在各类快餐店中随处可见，也频繁地出现在企业、学校食堂中。快餐店和食堂也是西兰花的两大主要消费市场。

4. 我国的西兰花面临的主要问题

（1）我国西兰花育种工作起步晚，优良资源缺乏，科研资金和人员匮乏，严重阻滞了我国西兰花新品种的选育和推广。

（2）我国西兰花种子供应仍然以国外进口为主，种植技术差异加大，绿色高效栽培技术推广不足。

（3）对外出口遇到挑战，内需拉动不足，西兰花加工新工艺缺乏。国内西兰花的种植规模虽有所扩大，但真正集大规模生产、加工、出口于一体的基地却很少。

（4）西兰花种植面积局部增长过快，销售风险增加。

（二）临海西兰花基础调研

1. 品种优势

早熟品种"优秀"、中熟品种"绿雄90"等当地自主选育的优良品种，育种技术达到国际先进水平。该类品种能够非常适宜地进行露地越冬栽培，并可以在寒冬1～2月上市，产品填补了国内外市场空白。2013年4月15日，中华人民共和国农业部正式批准对"临海西兰花"实施农产品地理标志登记保护。

2. 种植条件

临海属亚热带季风气候，得益于得天独厚的地理优势与气候。其四季分明，日照充足，雨量充沛，属浙中冬次冷区，冬季盛行东北风。年平均温度17.0℃，无霜期241天。年平均日照为1936.3小时，年均降水量为1710.4毫米，适宜种植西兰花。冬春季节是西兰花的生产旺季，此时气候寒冷，没有害虫，不需要使用农药。

3. 种植区域

种植主要区域包括临海市杜桥镇、上盘镇、桃渚镇等3个镇，190个建制村，东至上盘镇短株村，南至杜桥镇新湖村，西至杜桥镇洪家村，北至桃渚镇荷花塘村。

4. 现有条件

（1）产业综合协调发展
生产水平全国领先、配套设施全面发展、服务业简单有效、深加工产品正深入开发。
（2）茎叶资源化开发逐步深入
西兰花茎叶大量还田，西兰花茎叶加工成禽畜保健剂，西兰花健康产业崭露头角。

（3）核心技术不断提升

土壤轮作制度比较合理、依靠优势品种实现可持续发展，创立农户主导型穴盘育苗和机械化移栽技术体系、标准技术体系不断完善，首创农残"零检出"技术管理体系、西兰花丰产型有机农法。

5. 销售与市场情况

西兰花产业合作社或西兰花加工工厂收购个体农户收割的成熟西兰花，产业合作社或加工工厂已经建立一套生产、加工、销售为一体，保鲜、速冻、加工、出口并存的产销体系。西兰花经加工后一部分在国内各地销售，另一部分出口日本、韩国、阿联酋等国家和地区。对加工剩余的西兰花的茎和叶进行深加工，如提取西兰花叶蛋白制造饲料，生产出发酵饲料和食品。

6. 周边的其他旅游基地与旅游元素

临海东湖，灵湖，江南长城，杜桥凤凰山公园，桃渚城，上盘达岛，头门港。

（三）同类西兰花节庆调研梳理

1. 响水西兰花节

2018 年 11 月 2 日，在湖南省长沙市举行的第十六届中国国际农产品交易会上，响水县被中国优质农产品开发服务协会授予"中国西兰花之乡"称号，并公布"响水西兰花"品牌价值为 28.86 亿元。

响水县南河镇素有中国西兰花之乡的美誉，种植西兰花面积超过 5 万多亩，先后打造成万亩西兰花大道、万亩西兰花海、西兰花特色小镇等名片，集现代农业科技示范、低碳绿色蔬菜生产加工、绿色农业观光旅游等功能于一体的产业强镇。

主要特色项目：响水西兰花诗联大赛（诗、词、联）；西兰花主题文化园。

2. 昆山第二届西兰花节暨击灭癌症大型公益花海论坛

该论坛主要从西兰花的科研成果以及西兰花的抗癌功效介绍西兰花。

（四）相关农产品节庆案例研究

1. 法国柠檬节

时间：每年 2 月

地点：法国芒顿

人流：每年均吸引 50 万人参加

对象：柠檬和橙子

特色内容：

（1）每年都会有一个主题。2010 年的主题是在法国脍炙人口的、讲述古代高卢人和罗马人战争的童话"阿斯戴黑思"（Asterix）。

（2）重头戏：柠檬花车巡游、主题公园（由柠檬和橙所做成的造型，有动物、器皿、城堡、教堂等）、穿着缤纷服装的参与者跳舞和鼓打乐器等。

（3）吉祥物：柠檬公仔。

（4）柠檬相关的副产品：柠檬明信片、柠檬蜂蜜、柠檬醋、柠檬味的酒，以及当地与柠檬结合的餐饮、蜜饯类产品等，塑造柠檬文化。

前来的人群：游客、摄影师、艺术家。

2. 重庆潼南柠檬节

主题："千山万水赏美景"

理念："绿水青山就是金山银山"

时间：2019 年 10 月 23 日—11 月 23 日

地点：重庆临潼

特色内容：

（1）招商引资签约活动。

（2）休闲旅游行推介会。

（3）柠檬大健康产业峰会。

（4）半程马拉松赛　太安鱼美食节。

（5）"庆丰收·摘柠檬"体验活动。

3. 俄罗斯黄瓜节

时间：每年 7 月 20 日

地点：莫斯科东北弗拉基米尔州的苏兹达尔市

人群：芬兰、波兰、日本、墨西哥、瑞典的游客

特色内容：

（1）品尝各式各样做法的黄瓜（咸的、甜的、腌制的、填馅儿的、淋奶油的，甚至还有机会品尝到黄瓜做的饮料、馅饼、冰糕和果酱）。

（2）参加绿色调的最佳化装舞会服装竞赛。

（3）参加黄瓜腌制大师班。

（4）空中有黄瓜木偶巨大气球，木偶的兜里还装有一封信。信中写道，拾到黄瓜木偶的人可以领取赞助人提供的大奖，发现"绿色飞行员"的幸运者可以在苏兹达尔最好的宾馆免费居住一个星期。

4. 墨西哥红萝卜节

时间：12 月 23 日（每年 12 月红萝卜收获的时候）

地点：瓦哈卡广场

特色内容：

每年 12 月 23 日举办红萝卜节，在节日前三天，手工艺人们就要开始准备。雕刻者们需要挑选一个合适的萝卜，独自构思、独自雕刻，最后雕成动物、人像、建筑、神灵等形象，等到圣诞节当天回放并在瓦哈卡广场上进行展览，由观众选出获胜作品。每年的"红萝卜节"都能吸引到几百位手工艺人参加，不能使用其他装饰物，只能依靠一些木棍支撑，保持原汁原味。这些雕刻做工精细，栩栩如生，特别是一些基督教和鬼节神灵雕塑，庄严而又神圣，丝毫看不出是用一只萝卜雕出的。

二、节庆策划篇

（一）基本理念

1．品种大会的升级与更新。

2．面向多人群，打造节日经济。

3．融合多要素，旅游、休闲、研学、农业体验等为一体。

4．以促进销售为直接目标，以提升品牌宣传为最终目标。

（二）基本原则

1．一节塑品牌。

2．一节带旅游。

3．一节提销量。

4．一节造文化。

（三）主要策略

结合西兰花主产地周边，临海市内相关旅游要素，打造临海"七彩西兰花节"。

（四）活动内容

1.活动名称：临海"七彩西兰花节"。

2. 主题演绎：七彩生活对应人生的悲欢离合喜怒哀，都是生活的组成元素，有起有伏才是人生，是对美好生活抱有的一种期待向往。红色的热情喜庆、橙色的青春活力、黄色的智慧新颖、绿色的清新希望、蓝色的宁静自由、青色的古朴庄重、紫色的神秘朦胧。人生需要一个大舞台，寓意西兰花也需要一个大舞台，绽放属于自己的七色之光。

3.活动安排：如图 2-1 和图 2-2 所示。

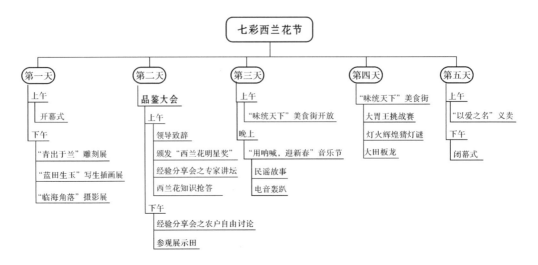

图 2-1　五日活动具体安排流程

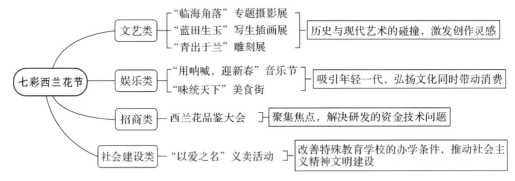

图 2-2　活动内容思维导图

三、各会场活动内容

1. 红色会场（台州开元大酒店暂定）："以爱之名"义卖活动。

2. 橙色会场（松山公园）："用呐喊，迎新春"音乐节。

3. 黄色会场（平桥小吃街）："味统天下"美食街（大胃王挑战赛、灯火辉煌猜灯谜、大田板龙）。

4. 绿色会场（杜桥镇田园绿色蔬果合作社）：开幕式、品鉴大会、闭幕式。

5. 青色会场（杜桥街心公园）："青出于兰"雕刻展。

6. 蓝色会场（凤凰公园）："蓝田生玉"写生插画展。

7.紫色会场（和合公园）："临海角落"专题摄影大赛。

重点活动安排

1.第一日

（1）开幕式

时间：1月10日8：00—9：30

地点：绿色会场

基本情况："绿意盎然"开幕式，西兰花在每年1月份成熟，和岁寒三友一样不畏寒冬，用绿意迎接一年的开始，寓意着人们对这一年西兰花高产销的美好期盼。

活动内容：上午进行开幕式致辞。下午进行雕刻、摄影、写生比赛作品的展示。

（2）"青出于兰"雕刻展

时间：1月10日—1月14日（第一天至第五天）

地点：青色会场

基本情况：雕刻的选题是以西兰花为材料自由创作或者用西兰花之外的材料雕刻出西兰花的样子，简言之，最后的成品都与西兰花紧密相关，是西兰花的一种抛其形的创作展示，就像青色出自蓝色却胜于蓝色一样。

活动内容：

雕刻比赛为参赛者通过一系列素材进行主题为"西兰花"的雕刻，可以用西兰花进行天马行空的创作，也可以通过不同的素材的雕刻最后体现出西兰花。

（3）"蓝田生玉"写生插画展

时间：1月10日—1月13日（第一天至第四天）

地点：蓝色会场

基本情况：

临海拥有优越的地理条件，靠海且有优质的港口资源，历史悠久的名胜古迹自然不在少数，写生大赛作为一种用画笔记录美好的形式，把临海之美呈现给大众，从作品中传达出临海当地人的暖意，以及淡泊恬静之味。

活动内容：

写生插画展，即参赛者通过对临海的所见所闻，画出自己心中临海的样子，也可以是想象中临海未来的样子，并附上一段对自己作品的解释。

（4）"临海之角"专题摄影大赛

时间：1月10日—1月13日（第一天至第四天）

地点：紫色会场

基本情况：

临海山美，水美，人更美，"绿水青山就是金山银山"理念在这里更加得到体现。寻找临海每一个美的角落，记录下这里花木的霞红烟紫。

活动内容

摄影比赛：参赛者对临海的优美景色进行拍摄，作品要求为8～12张的组图，且每张照片长边大于3200像素，通过官网渠道提交自己的作品。

作品评比：本次比赛的投票方式采取线上＋线下投票，雕刻参赛者须附上雕刻过程的照片与最后的作品照片，写生比赛只需要最后的成品，摄影比赛需要提交符合要求的组图，通过官网发布的网上比赛渠道进行作品提交，官网会在收到作品后进行线上统一发布，网上获取点赞，1月10日下午，评委会根据之前网上发布作品的点赞数选出每一类作品的前十名，进行照片展示，并让来往游客对这些作品进行投票，选出自己心仪的作品，10—13日每人每天可以投票3次，最后在1月14日的闭幕式上对每一类作品的前三名进行颁奖。

活动特点：

在选出最具人气的作品后，我们会在闭幕式上进行义卖活动，将这些作品拍卖出去，最后拍卖所得以作品作者和购买者的名义捐献，用于临海当地特殊教育学校建设。

注：此三类比赛均为1月10日前进行，1月10日下午13：00进行展示，1月14日进行颁奖。

2. 第二日

（1）西兰花品鉴大会（特色招商会）

时间：1月11日

地点：绿色会场

基本情况：

本次活动旨在借助品鉴会提供的有利商机，开展一系列的活动，利用品鉴会宣传焦点来制造消费热点，同时可以尝试维护客户，扩大影响，提升临海当地西兰花的知名度，从而促进各地合作，增加销售。选择在绿色主会场承办此次大会，是因为绿色寓意着希望，它可以代表生命以及生命的状态，是一切万物的根源；是人类赖以生存的颜色；是翘盼东方冉冉升起的太阳；更是对未来憧憬的颜色。"临西花"正在走向世界的舞台——临海的今天希望满满，西兰花的明天一定大有所为。

前期筹备：

提前一个月对参加品鉴会的人员进行筛选，确定人员名单。一般根据品鉴会规模或者空间可能容纳的人数进行确定，一般控制在三四十人。邀请的对象需要做详细的选择，可根据企业、合作社以及各乡镇种植大户等进行选择。且提前半个月把邀请函寄出（包括本次西兰花节每天的安排以及品鉴大会的各项事宜）并发短信或电话联系确保信息传达无误。

活动流程：

上午篇（9：30开始）

致辞：领导上台致辞，讲述西兰花历史，围绕近年来西兰花取得的科研成果以及最新科研品种进行阐述，并对近两年国内外西兰花销售情况，以及当地西兰花行业出现的一些问题作出重要指示。

颁发"西兰花明星奖"：届时，需要各个受邀参加的科研机构以及知名种植业企业或者合作社提供参展品种，举办方将邀请专家团队按照一定的西兰花评判标准，在若干品种之间选出当日"西兰花明星奖"。

经验分享会之专家讲坛：受邀参加的西兰花行业的全国各地人士，包括行业专家、种植能手、西兰花大户、西兰花收购商、西兰花企业家以及各个乡镇的代表，齐聚一堂。行业领导、业内专家、代表企业将围绕大家所感兴趣的内容进行行业分享，对西兰花国内市场发展趋势、国内外营销模块、新媒体营销策略进行讲述。

西兰花知识抢答赛：

设计关于西兰花种植方面4个问题的知识抢答，一方面，是对大家西兰花种植的技术考量；另一方面，在听完专家讲坛之后，稍稍放松一下，增加大家的互动性，活跃气氛。

下午篇（13：30开始）

经验分享会之农户自由讨论：

听完上半场专业的论坛之后，各收购商以及种植大户合作社可以在这段时间内展开自由讨论，促进西兰花的种植经验分享以及今后的合作协议达成，其间如有通过讨论无法解答的问题，可当场请教专家答疑解惑。

参观展示田：

省市乡镇单位各领导将一同出发去西兰花田里参观一下获得"西兰花明星奖"的同品种西兰花生长状况，在种植大户的讲述中了解村民们靠西兰花致富的生活现状。

晚会篇（19：00开始）

经过白天的户外视察、经验交流，晚上的晚会主要以放松休闲为主，合作为辅。心理学调查显示，在吃饱喝足之后，人的大脑呈放松状态，警惕性也会减少，此时谈合作往往会顺利许多。且当晚会场也邀请了不少外地来宾，对于临海这个千年古城来说，正是一个传扬文化自信的好时机。临海是一座融千年古城深厚底蕴、风景秀丽的江南名城，素有"山水名城 文化之邦"的美誉。宋代文天祥曾赞曰："海山仙子国，邂逅寄孤蓬，万象图画里，千岩玉界中。"

参考表演：上盘花鼓、剪纸、临海词调、下沈跳马。

伴手礼/纪念品：晚会结束后，来宾可在出口处领取一个富有临海当地特色的草编工艺品（草编工艺被列入省级第四批非物质文化遗产代表性项目）。

3. 第三日

（1）"用呐喊，迎新春！"音乐节

活动时间：1月12日19：00—24：00

活动地点：橙色会场

基本情况：橙色是欢快活泼的光辉色彩，是暖色系中最温暖的色，它使人联想到金色的秋天，丰硕的果实，是一种富足、快乐而幸福的颜色。它象征着热情、热烈、娱乐，同时又代表着丰收后的庆祝与狂欢。将橙色作为音乐节区域的主色调，让人们充分享受着动感、青春的同时，也暗喻着西兰花产品在不久后迎来收获的喜悦。

活动目的：

◎ 明星助阵，请来一些歌手或著名的演员前来表演节目，吸引外省游客；

◎ 带动整体氛围，渲染气氛；

◎ 群众表演为临海本土民间艺术表演，展示临海本土文化。

活动内容：

◎ 民谣故事；

◎ 电音轰趴，嗨爆临海。

4. 第四日

（1）美食街

活动时间：1月13日7：00—22：00（第三天）

活动地点：黄色会场

基本情况：黄色象征丰收和光明，丰收的西兰花是人们致富的好途径，而光明不只是灯火辉煌，更是西兰花致富之路带给人们光明的生活。所以该会场安排包括美食街、评选大胃王、猜灯谜、大田板龙等活动。展示临海西兰花的同时增添了节日氛围，也展示了临海当地的传统民俗。

活动内容：

味统天下（美食街）：在主办方提供的摊位上，各商户可售卖临海当地特色美食，招揽各地游客的同时也在弘扬家乡传统饮食。

大胃王挑战赛：现场招募一批挑战者，比赛吃水煮西兰花，一组6人，集满开赛。主办单位将提供每盘约500克的水煮西兰花若干，10分钟之内吃完盘数最多的挑战者获胜。获胜者将获得同组PK的"大胃王"称号并获得西兰花纪念勋章一枚。

灯火辉煌（猜灯谜）：猜灯谜也是我们流传了许久的传统休闲娱乐方式之一，在享受美食的同时走一走复古潮流，不失为一种新鲜事儿。

大田板龙（舞龙表演）是临海非物质文化遗产。

大田板龙为浙江省的传统民俗舞蹈。传说龙能行云布雨，消灾降福，象征祥瑞，所以人们以舞龙的方式来祈求平安和丰收就成为全国各地的一种习俗。相传始于清代，入选浙江省第二批省级非物质文化遗产名录，流行于浙江临海的大田平原上。

5. 第五日

（1）"以爱之名"义卖活动

时间：1月14日

地点：红色会场

基本情况：红色代表温暖和爱心，西兰花带给人们财富的同时也希望给别人送去温暖，所以会场安排爱心义卖活动。把西兰花价值发挥到极致，它不仅仅是富有营养价值，各式各样的西兰花还承载着人们的爱心，给平平无奇的闭幕式注入惊喜。

义卖品：摄影展及写生展人气作品。

义卖规则：将作品拍卖出去，最后拍卖所得以作品作者和购买者的名义捐献，用于临海当地特殊教育学校建设。

（2）闭幕式

地点：绿色会场

颁奖典礼：给摄影大赛的一、二、三等奖作品以及雕刻写生的一、二、三等奖作品颁奖。宣布各获奖者，请颁奖嘉宾上台，给获奖者颁发纪念品和奖品，并合影留念，获奖者代表发表获奖感言。而后由领导总结发言，致闭幕词，宣布本次活动结束。

到场福利：闭幕式入场时每名观众领取1张六位数号码牌，颁完奖后抽取6名幸运观众。六位数字相同的观众为"幸运锦鲤"，奖励6666元红包，五位数字相同的观众及四位数字相同的观众分别被评为一、二等奖，奖励免费游览临海市景点及农家乐住宿等。

四、实施策略篇

（一）临海西兰花节的三年行动计划

1. 第一年

借助临海西兰花节的品牌活动"西兰花品鉴大会"，打响临海西兰花节。

2. 第二年

多地多点开展"七彩西兰花"特色活动，初步形成七大会场的活动串联。

3. 第三年

全面铺开、深入开展西兰花节所有活动与项目，打造以西兰花为基因，结合临海特色元素的七彩会场。

（二）实施路径

由点（西兰花品鉴大会）—线（西兰花节特色活动线）—面（七彩西兰花多会场）串联。

"宋元"文化节

——南山村品牌节庆策划与执行方案

选题来源： "建行裕农通杯"第五届浙江省大学生乡村振兴创意大赛—招标村—乡村人文公益类

项目负责人： 浙江树人学院人文与外国语学院　2019级网络与新媒体专业　林　淇

团队成员： 宋佳薇　丁梦烨　俞任晨　蒋　彬

指导教师： 叶　菁　陈　亮

一、基础调研

（一）背景分析

1. 文化背景

（1）宋韵文化

◎ 宋韵浙江

中国共产党浙江省第十五次代表大会精神将宋韵文化提到了代表浙江优秀传统文化的高度，并明确提出要"全面实施宋韵文化传世工程"。宋韵文化是最有中国气派和浙江辨识度的文化标志，千年宋韵必须从无形之韵转变为浙江共同富裕示范区建设的有形之举。

◎ 宋韵杭州

杭州宋韵文化包括宋代辉煌的文学艺术之风韵，也涵盖宋代人格气象的神韵，更指向宋代时代精神的气韵，其外延又拓展为从宋代传承至今的文化内涵与底蕴。

◎ 宋韵南山

南山村宋韵文化渊源：以盛度最为出名的盛氏一族、盛氏家风馆以及盛度墓等为代表。可以说，南山村主要宋韵渊源就是盛氏一族及其家风文化。

（2）元宇宙

◎ 元宇宙概念

元宇宙（Metaverse）是利用科技手段进行链接与创造的，一个平行于现实世界运行的人造空间，是互联网的下一个阶段，由 AR、VR、3D 等技术支持的虚拟现实的网络世界。

◎ 元宇宙应用

虚拟人创造（柳夜熙）、综艺（登录圆鱼洲）、NFT 虚拟画、游戏《Second Life》、VR 实景体验、虚拟主播（A-SOUL）等。

2.政策背景

（1）国家级

近年来，政策指导实施艺术振兴乡村计划，建立驻村文化策划师制度，培育文旅融合新业态新模式；传承弘扬中华优秀传统文化，充分挖掘浙江文化优势，让历史文化和现代生活融为一体，实现永续传承。

（2）省级

实施文化产业赋能乡村振兴试点，培育一批乡村特色文化产业项目和品牌。强化数字赋能，提高乡村文旅运营数字化水平，鼓励数字化设计、数字化运营、数字化治理，推出乡村文旅数字运营场景。

（二）调研概况

项目组实地调研情况如图 2-3 所示。

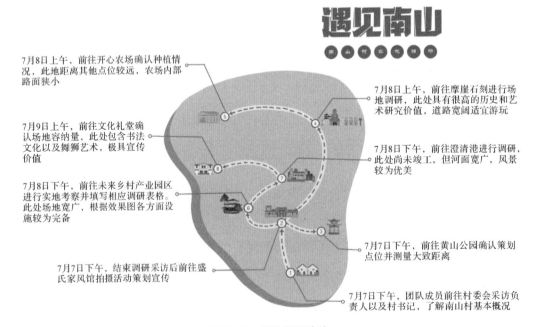

图 2-3　实地调研路线

1. 现有资源

南山村文化资源丰富，具有艺术特色及艺术价值，且家风文化符合当下时代价值观。村内环境资源适合研学游玩等活动开展，配套设施较为完备舒适，周边资源丰富。

2. 可开发资源

南山村正致力于未来乡村建设，未来产业园区以及民宿群的规划能够适应南山村旅游业的发展，完善旅客吃、住需求。且村内正开发森林剧本杀项目。

3. 游客需求

南山村拥有适合游玩的场地及值得游玩的文化景点，基础配套设施完备，在游玩的安全性和舒适性上有所保障。但对于游客来说，缺乏新鲜感和吸引力。

（三）同类案例亮点分析

1. 手机依附

依靠手机小程序、App 等进行任务发布及探索，更加方便且符合"宋韵＋元宇宙"的大主题。

2. 真人演绎

在大型户外剧本杀中，诸多演员扮演剧本中角色，通过演绎来帮助玩家搜寻线索或推动剧情，让玩家更具沉浸感。

3. 教育意义

剧本杀蕴含的不仅是一个简单的故事，而是在故事之上具有的教育意义，在剧本探索过程中渗透教育、非遗艺术、文化精神。

4. 打造品牌

依靠剧本杀 IP 打造当地特色品牌，如特色产品、IP 文创等，打响当地影响力，促进当地振兴发展。

（四）现存问题

1. 规划缺失

在大型节庆策划方面，南山村缺少系统的规划，资源利用率低，开发程度小。

2. 同类竞争

距离开发完备的瓶窑老街较近，与之相比，南山村缺乏具有自身特色的核心竞争力。

3. 受众单一

绝大多数活动策划只面向本村村民，缺少对外开放的大型活动，受众资源较少。

4. 范围局限

村内活动一般局限于某个点位，并未整体串联，实现多点联动。

5. 人才缺乏

缺少专业的人才对村内资源进行规划，现有活动策划方案缺乏创新。

二、活动策划

（一）活动特色

1. 古今碰撞

节日主打"宋韵"与"元宇宙"的碰撞，在新时代传承宋文化，在传统中体验美好未来。

2. 宋韵足迹

于南山村山水中，寻找宋韵千古足迹，传承优秀传统文化，感受悠然南山。

3. 赛博未来

打造科技新世界，充盈年轻新力量，迎接南山新未来。

（二）活动内容

1. 南山六境

全村分为六大项目场景，取名"南山六境"，如图 2-4 所示。各项目的游览顺序及区内功能分区，如图 2-5 所示。

图 2-4　南山六境区域分布

（1）家风明境（即盛氏家风馆）

◎ 场景设置

明境中饱含盛度所想之"家风"，不仅为南山小家，更有为天下大家。故事起源于明境之内，《西域图》被盗的背后还藏着更多不为人知的故事。

◎ 功能划分

沉浸剧本区：作为剧本杀故事的开端，NPC 会在此发布游戏任务、设置线索搜索点，

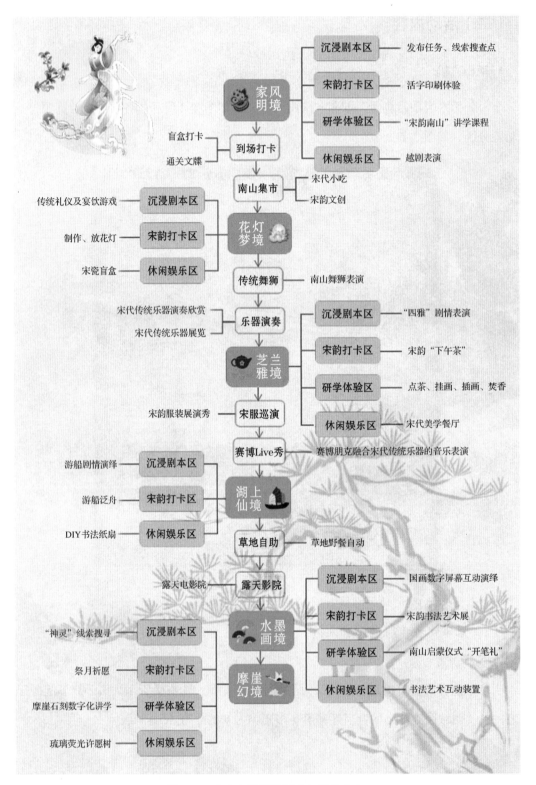

图 2-5 南山六境游览顺序与具体内容

各种线索将融合家风馆的文化进行设置。

宋韵打卡区：北宋的毕昇发明的泥活字，标志着活字印刷术的诞生。游客可以在储字格的行列中寻找自己需要的汉字，在拓印板上进行自由的排列组合，从而生成不同的文字内容。同时，游客也能在拓印过程中感受前人的智慧。

研学体验区：盛氏家风馆为游客提供了"宋韵南山"讲学课程，游客可以通过课程深入了解宋韵、南山文化及其背后所蕴含的精神。

休闲娱乐区：越剧作为浙江一张具有辨识度的宋韵文化名片，传承千年，历久弥新。通过不同时间段的越剧表演，能够让更多游客感受到越剧的悠扬婉转，使"传承"的精神在互动中流淌。

（2）花灯梦境（即黄山公园）

◎ 场景设置

南山中秋常常以放花灯对月祈福，传闻只要在花灯上写下愿望，神灵便可保佑愿望实现。在花灯梦境之中，场景为年轻的盛度及其两位友人一同放下花灯，虔诚地对月祈愿。

◎ 功能划分

沉浸剧本区：通过投壶游戏获得剧本杀线索，以传统游戏"新"玩的形式，将中国传统礼仪和宴饮游戏以"润物细无声"的形式融入活动中。

宋韵打卡区：宋人不仅会通宵达旦地庆祝中秋佳节，更会在中秋的夜晚赏灯。与元宵节的赏灯不同，中秋节人们会在幽暗的河道放花灯，一道泛着光的灯河，伴着人们玩乐通宵。游客可以在花灯摊位上购买花灯并作画，随后放置于黄山公园的湖中观赏打卡。

休闲娱乐区：宋代是我国陶瓷发展史上一个非常繁荣、昌盛的时期。黄山公园设有盲盒摊位，游客可以兑换游戏币"交子"用于抽取宋瓷盲盒。

（3）芝兰雅境（即产业园区）

◎ 场景设置

芝兰雅境为南山村最负盛名的休闲之地，传闻是从前盛度及其友人来此点茶、焚香、插花、挂画后，人们争相效仿，成就了雅境这一友人聚会玩乐的胜地。

◎ 功能划分

沉浸剧本区：剧本杀线索随着场景的变化，融入"四雅"的表演点位中，通过完成一定的体验任务，即可收获对应线索。

宋韵打卡区：游客在专业人士的指导下体验制作南宋菓子，亲身感受充满宋韵气息的"下午茶"文化。

研学体验区：以点茶为名，共叙宋代风雅。游客从点茶开始，逐步欣赏挂画、插花、焚香，并结合专业人士讲解，进一步体验宋代百姓的生活。

休闲娱乐区：结合宋代美学建造的餐厅，为游客还原宋代宴席上的菜肴，供游客休息就餐。

（4）湖上仙境（即澄清港）

◎ 场景设置

传闻于盛度青年时代，他在中秋时节经常与两位挚友泛舟于澄清港之上，还每每与挚友在船只的帷帐上赋诗吟诗、感慨天下。澄清港船夫常常对船客歌颂盛度及其友人间的情谊产生敬仰之情，还将他们所作诗歌一一写于船内各处。

◎ 功能划分

沉浸剧本区：船体内可以手写书法帷帐，以纸伞、纸扇作为装饰道具，船夫会对剧情进行描述演绎，帮助玩家于船上寻找线索。

宋韵打卡区：船上准备了宋韵特色茶点，如各类"香引子""汤茶药""酪"等。游客可体会宋代人于残暑下"落日乘醉归，溪流复几许"的闲情雅致。

休闲娱乐区：船上准备了空白纸扇以及笔墨，游客可利用这些材料进行DIY纸扇制作。在完成制作后，还可印上南山村特殊印章。

（5）水墨画境（即文化礼堂）

◎ 场景设置

传闻南山有神画手，笔下所画皆栩栩如生，更有甚者称其所画可还原过去时空，不差一丝一毫。画手不仅爱画，更精于书法，他敬仰盛度及其友人之情谊，将他们的故事泼墨于画境之中。

◎ 功能划分

沉浸剧本区：电子画境立体地呈现了剧本中的部分剧情，玩家可利用手机与数字屏幕进行互动，并通过观察画境细节发现线索。

宋韵打卡区：宋韵书法艺术展的布置具有强烈的视觉冲击性，是传统艺术与现代艺术之间的碰撞，适合拍摄打卡。

研学体验区：书法启蒙仪式最关键的部分"开笔礼"设置于此，孩子们可以现场体验书法的魅力。

休闲娱乐区：文化礼堂设有书法艺术展厅，游客可以通过与数字屏幕互动，实时投影生成立体的书法印记。

（6）摩崖幻境（即摩崖石刻）

◎ 场景设置

摩崖幻境为南山一座隐匿之地，传说幻境中的神灵知晓天下所有事，且只有虔诚的信徒才有机会与神灵相见。往年中秋，盛度及其友人常常在幻境中登高饮酒，与神灵诉诸畅谈人生所想，为天下苍生祈愿。

◎ 功能划分

沉浸剧本区：玩家可前往摩崖石刻，寻求僧侣或信徒的帮助，获得与神灵会面的机会，由此赢得线索。

宋韵打卡区：宋代中秋，人们喜爱登高望远，拜月祈愿。游客可以在通往摩崖石刻的木栈道的两边悬挂许愿牌，祈求平安等。

研学体验区：摩崖石刻为江南罕见石刻群，是为数不多的释道像合一的石刻群，其历史及文化价值源远流长。在此处通过手机扫码即可获得数字立体讲解，从而能够使游客更加深入地了解其历史文化。

2. 八大体验

（1）南山集市

售卖各种宋朝小吃，如油饼、蜜饯果子、羊舌签、冰雪凉水荔枝膏、卤鸭等等，以及各种宋韵文创产品。

（2）到场打卡

◎ 盲盒打卡：到场打卡设置盲盒机，盲盒内分别有书法口罩、活动消费代金券、桂花簪等礼品，游客扫码即可抽取盲盒。

◎ 通关文牒：通关文牒为中国古代护照，是古代通过关戍时拿的通行证，游客及玩家可购买空白通关文牒，打卡进行盖章，留作纪念。

（3）传统舞狮

舞狮是中国优秀的民间艺术，南山村也具有优秀的舞狮艺术文化。活动沿线进行游街舞狮表演，在各活动点位均有机会看到此表演。

（4）乐器演奏

中国民族乐器种类多样，宋代不仅出现了马尾胡琴，见于记载的还有胡琴、大阮、五弦阮、月琴等50多种乐器。

◎ 乐器演奏区：游客可在此观看宋韵乐器演出，观赏这场盛大的宋韵"琴瑟和鸣"，感受宋朝雅乐。

◎ 乐器展览区：中国民族乐器种类多样，分别有吹奏乐器、弹拨乐器、打击乐器以及拨乐器等。展区展出各类宋朝流行的乐器，供游客研学。

（5）宋服巡演

宋朝服饰是中国古代服饰史发展的一颗明珠，其特点是修身适体。游客可在此观赏模特们宋朝服饰巡游，感受宋朝服饰的魅力。

（6）赛博 Live 秀

赛博朋克拥有五花八门的视觉冲击效果，宋韵又清新风雅，融合赛博与宋韵文化，打造赛博朋克融合宋代传统乐器的音乐表演。

（7）露天影院

搭建幕布作为露天影院，为游客们提供不同种类的电影观赏服务，同时也作为临时的休息落脚点。

（8）草地自助

在草地上使用野餐布进行场地布置，由专业人员进行现场点心制作与饮品调配，并对游客进行展示。

◎ 点心区域：摆放宋代特色精美茶果子（手工点心）供游客品尝，同时也是拍照的出片地点。

◎ 饮品区域：提供茶或其他种类中式饮品与点心进行搭配，同时为游客进行点茶表演。

三、内容设计

（一）故事概况

宋朝年间宋、金、契丹三国鼎立，朝局波谲云诡、暗流涌动。前参知政事盛度携《西域图》荣归故里，传闻《西域图》可定天下之大局。在中秋祭月庆典前夕，却于盛度书房意外被盗。案发过后，悄悄潜入南山村的金、契丹之主完颜首领、契丹天女成为主要嫌疑人。案件的背后，隐藏的是宋代当朝权臣甄忠诚欲盗图篡位、混淆时局的阴谋。

然而，令人意想不到的是，盛度、完颜首领及契丹天女于年少时便于南山村相知，且志同于"天下大安"。这也由此成为南山村的一段佳话。多年后三人再遇，虽有误会在前，但年少初心未改。因此，三人联合三族同袍共破甄忠诚诡计，定天下安宁，守护家国和平。

剧本主要依托南山村"家风"文化，以小家之安宁放大至大家之和平，呼吁天下大安、万民畅遂。

（二）人物关系

剧本杀人物关系如图 2-6 所示。

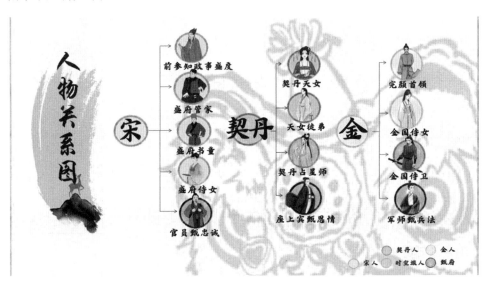

图 2-6　剧本杀人物关系

（三）游戏规则

"昨日南山"游戏规则如图 2-7 所示。

图 2-7　游戏规则

（四）点位设置

1. 盛氏家风馆

剧本角色配对点：玩家根据性格测试获得不同初始角色。

剧本现场搜查点：玩家十人一组进行现场搜证。

购物线索找查点：于小摊街获得或购买线索。

2. 黄山公园

陈营破冰游戏点：组队进行答题、投沙包等小游戏，根据排名获得奖励。

3. 未来乡村创业产业园区

阶段兑奖购物点：根据游戏币"交子"兑换奖品进行购物。

娱乐休闲饮食点：设置酒楼等餐饮场所及绘伞等休闲体验。

4. 澄清港

泛舟划船活动点：泛舟体验活动，配备船上茶点，可获取相关线索。

阶段补给充能点：以驿站为中转点获得物品补给。

5. 森林

剧本现场搜查点：户外线索搜寻，NPC 互动演绎。

6. 村文化礼堂

传统书法游戏点：书法文化游戏，如书法版你画我猜等。

大型团队游戏点：大型团队户外游戏，如指压板跳绳、木头人等。

舞狮欣赏学习点：欣赏南山舞狮，完成舞狮学习任务。

公开剧本推理点：提交个人推理结果，公布第一阶段故事剧情。

7. 休闲广场

阶段兑奖购物点：根据游戏币"交子"兑换奖品进行购物。

8. 摩崖石刻

小摊购物娱乐点：于小摊街获得或购买线索，进行购物。

奇幻寻宝搜证点：大型户外定向寻宝活动，搜寻线索，换取兑奖卡。

四、宣传引流

（一）受众分析

1. 前景调查

根据艾媒数据中心 2022 年 7 月数据分析，剧本杀以中青年玩家为主，56.9% 的受访玩家为 27～39 岁；其次是占比为 18.6% 的 26 岁以下玩家。

据中研普华研究院 2022 年《报告》显示，2021 年演出市场消费主力军为 18 ～ 39 岁的年轻人，占比为 76%。

根据 HTC Vive 发布的中国大陆地区《报告》显示，VR、AR 感兴趣的用户集中在年轻段，8 ～ 24 岁用户占比为 60.5%；其次是 25 ～ 48 岁用户，占比为 11.4%。

2. 主要用户画像

主要用户为居住于杭州，18 ～ 39 岁，具有一定娱乐消费基础，爱好传统文化、推理游戏、打卡拍照、露营，热爱音乐，喜欢参加音乐演出的中青年。

（二）宣传内容

1. 前期 1：短视频拍摄策划——《异质之境——宋韵与元宇宙的交叠共生》

关键词：快穿、宋韵、元宇宙、科技

邀请一位具有一定知名度的国风合伙人（参考四月、老八捌），在南山村盛氏家风馆前身着宋朝服饰，拍摄从白天宋韵场景转变到夜晚元宇宙科技感的视频。并创造一个"当宋韵遇上元宇宙"的话题，对话题内优秀作品进行流量投放，带动抖音、快手、微博、小红书网红拍摄变装视频，吸引用户。

2. 前期 2：心理测试（名人测试结果引流）

（1）特效测试

抖音参考"职业人生"测试特效，开发一个"测测你在宋朝是什么身份"通过选择答题得出结论，与抖音网红合作，利用网红参加测试推广。

（2）交互视频

参考 B 站制作一个交互式视频进行心理测试，用户通过视频依次答题，最终匹配剧本杀角色，得出测试结果。

（3）音乐（图片）测试

文字类的测试可能会造成心理上的负担与抗拒，音乐或者图片可能更加轻松自然。借鉴网易云听音乐的形式，或者选择图片对性格进行测试。

3. 中期：KOL 网络直播售票·抽奖

（1）直播售票

在抖音、淘宝进行网络直播售票，并在直播间设置一定优惠以及小礼品，利用互联网的直观、快速、表现形式好、内容丰富、交互性强、受众可划分等特点，增强活动现场的推广效果。

（2）微信宣传

发布活动相关推文，同时设置转发朋友圈即可免费领取门票，利用朋友圈进行宣传引流。

（3）平台引流

在活动开始前邀请小红书、抖音、微博等主流社交平台探店达人提前游玩，成为活动体验官，并拍摄游玩 VLOG 或打卡照片进行宣传引流。

4. 后期 1：话题打卡活动

在抖音、小红书发起话题活动＃晒出你的南山之旅。凡发布活动打卡照片或活动游玩 VLOG、并带南山村定位的用户，均可参与该话题活动，并根据作品质量获得一定流量投放，根据点赞数进行排名且点赞数为前 30 的用户均可获得不同档次的礼品。

5. 后期 2：剧本共创活动

"下一站南山"活动：开展剧本共创活动，参考抖音特效共创，任何人均可参与新剧本的创作，用户只需下载固定 App，上传自己编写的故事雏形，符合原创、优质、逻辑准确等原则即可通过审核，并且获得 100 元酬金。

五、项目分析

（一）项目必要性

1. 促进经济发展

举办的这个项目实质上是将南山现有的各类资源进行整合，并将村集体经济由传统单一的物业经济向多元化经济发展方式转变。通过提高知名度、宣扬文化，从而达到促进经济发展，提高村民生活水平的目的。场地租赁，特产销售，参与演出等都是促进村中经济发展的优质渠道。

2. 提升知名度

举办大型活动是提升举办地点知名度的一个主要方法，活动的参与者、举办者都会成为提升知名度的一份力量。知名度的提升有利于经济的发展与宣扬文化，任意人或组织都更愿意接纳有一定知名度的合作方。

3. 宣扬文化底蕴

南山村拥有相对丰富的文化底蕴，村民深受盛氏家风文化的熏陶，盛氏一族之中更有盛度这一北宋功臣，贴合了杭州的宋韵文化理念。除此之外，南山造像——摩崖石刻这一佛道二教的衍生物更是重要的文物景点。此前的南山空有一座宝库却不曾发掘，宣扬文化底蕴与提升知名度则是一个互惠互利的过程。

（二）项目可行性

1. 地理环境优越

南山村依山傍水，后靠南山，前临苕溪，生态环境优美。同时，南山村处于一小时经济圈，公共基础交通、"四好公路"等工程也在逐步推进，使得本就在国道旁的南山村交通更加便捷，车辆往来更加便利。

2. 政策战略引领支持

南山村的发展离不开政策扶持，是第一批共富村、第二批未来乡村，同时也是浙江省"千万工程"的扶持对象。近年来，乡村建设、乡村振兴、乡村文旅以及文化传承都是国家对乡村振兴的主旋律。

3. 市场需求潜力大

节庆活动主体由剧本杀和沉浸式体验组成，吸引的主要客户群体是年轻人群。相比缺少经济能力的少年儿童与较少在此类娱乐项目消费的中老年群体，年轻群体更容易在剧本杀与沉浸式体验项目上进行消费，参与者的数量具有一定保障。

4. 休闲旅游业发展已初具规模

南山村内外的休闲旅游业均已初具规模，村内的未来乡村产业园区、水上运动中心、森林剧本杀等项目正在逐步进行，开心农场等农业基地也时常对外开放。除此之外，南山之上有摩崖石刻，山脚下建有民宿群，依山傍水、环境优美。村外不远处便是瓶窑老街与非遗博物馆，相互之间的潜在竞争关系逐步转变为合作关系，从而保证游客的吃、住、行均能落实。

5. 南山村委积极合作

在实地调研过程中，先后采访了村经理人与村委书记，二者均表示南山村可以提供场地用以活动举办，如举办的活动对南山村有较大帮助，可以追加保洁、提供餐食等无偿服务，并在一定程度上提供资金支持。

六、附录

（一）同类案例调研分析

相关案例调研情况见表 2-2。

表 2-2　案例调研情况

活动主题	剧本名称	活动时间	活动亮点
国潮春宴·天地好戏	《天地人和——苍穹奇探》	2019 年 3 月 27 日至 28 日	剧本杀《天地人和——苍穹奇探》、古风沉浸式舞台剧、国风汉服才艺秀、祝神庙会、祈福仪式、汉服活动
"浮梁红·守千年"焕新中国节系列活动端午篇	《苍溪风华录》	2021 年 6 月 12 日至 16 日	《苍溪风华录》国风实景沉浸式穿越之旅、乡村振兴文旅结合
大型沉浸式实景非遗剧本杀《纱灯秘境》	《纱灯秘境》	2022 年 4 月 28 日	非遗项目＋穿越剧本，设置了成人、儿童两种体验模式
江西上饶望仙谷景区开设沉浸式体验剧《我就是药神》	《我就是药神》	/	文旅＋剧本杀：景区自营模式开启
成都青城山旅游区壹点探案体验	/	/	民宿＋剧本杀：入住则入戏；沉浸式剧本杀＋特色民宿＋地道美食
岭南金融博物馆开发实景解密游戏	/	/	博物馆＋剧本杀：文物搜证
海口观澜湖火山温泉谷上演剧本杀《人间不值得》	《人间不值得》	/	景区乐园＋剧本杀模式
南京保利大剧院推出了剧本杀《北国之春》	《北国之春》	/	舞台＋剧本杀模式
/	《延安精神》	/	选择阵营换装（小程序角色属性）、主持人分发物资、阵营破冰、自由搜证、戏台剧情演绎、趣味游戏、寻找真相、复盘剧情
/	《一榄情深》	2022 年 5 月 1 日 9：30 至 12：00	农文旅主题剧本杀、村落文化以及橄榄文化贯穿、IP 设计开发
/	《月染长安之古镜奇谈》	/	以婚庆爱情为主题的艺术村庄，探索婚庆产业链的打造，将体验、研学、文化、商业等融合

活动主题	剧本名称	活动时间	活动亮点
全国首部彝族特色实景剧本杀《彝人古歌——威楚之战》	《彝人古歌——威楚之战》	2021年4月3日至4日	彝人古镇文旅核心区产品、业态等内容完美融入剧情体验
四川崇州街子古镇剧本杀	《九州江湖·天下第一》《极乐黄泉》《九州江湖·青天鉴》	/	剧本杀＋古镇系列剧本杀模式
四川邛崃平乐古镇剧本杀	《卧龙秘宝》	/	剧本杀＋古镇模式
浙江杭州河桥镇剧本杀	《狐妖小红娘》类剧本杀	/	依靠知名IP、充分运用数字技术
浙江南浔古镇	《新·七狸山塘》	/	剧本杀＋古镇模式

（二）《昨日南山》故事剧本

北宋前期，由于北方契丹屡次骚扰北部边境，盛度多次上书议论边事。后来奉旨出使陕西，他实地勘察了边疆的地势，又参考了汉、唐以来的古地图，绘制成了《西域图》献给朝廷，又绘酒泉、张掖等五郡东南山川形势为《河西陇右图》。其中《西域图》成为北宋对抗契丹部落的制衡之物，相传得到《西域图》就可以不费吹灰之力将契丹吞并。尽管有手抄本流传出来，但是其中大多是为了掩人耳目而特意制作的假图，盛度一直将最为准确的初版贴身收藏，不给野心家们一点机会。

盛度年轻时曾在南山村结识了两位至交好友，共同许下了天下太平的心愿，并赠送玉佩留作纪念。

盛度晚年受天命秘密携带《西域图》返回南山村。然而，两年后，不知为何盛度持有《西域图》的消息被他的朝廷政敌甄忠诚得知。北宋第一奸臣甄忠诚欲图谋帝位，暗中开始了他的计划。分别派人暗中告知契丹与金国，说盛度将以《西域图》作为筹码在祭月庆典后联合另一方攻打自己。庆典前夕，契丹天女和完颜首领各自带着亲信出使北宋，欲前往南山村一探究竟。

9月6日晚，盛度书桌出现匿名信，告知甄忠诚欲夺《西域图》篡位，且祭月庆典时，契丹女王与完颜首领或临南山村，其同行队伍中有甄忠诚的卧底。

9月6日盛度一夜未眠后，想出绘制假《西域图》以防真图被盗，但此计划终究只能抵挡一时，假图终究会露馅，敌人依旧无法斩草除根，金国以及契丹此行目的也未曾知晓，内忧外患的国局，一人的力量难免太过微小，盛度依旧为此愁心不已。

9月8日晚，忧心的盛度独自来到当年许下约定的湖边散心，欲放花灯祈求计划成功。就在此刻，完颜与天女也为匿名信担忧不已，因正值花灯节，欲前往儿时故地放花灯祈愿信中内容为假，不愿再出现战争。三人冥冥之中的缘分，让盛度再次偶遇了同样前来散心的契丹女王与完颜首领。盛度不经意间看到了眼前二人腰间的玉佩，发觉他们竟是曾经一同祈愿天下太平的少时知己，随后他拿出自己的玉佩与年少时的两位挚友相认。三人一见如故，交谈甚欢。在得知三方都仍以"保天下太平为己任"时，盛度便坦言说出自己的担忧，天女和完颜了解到北宋绘制《西域图》并非信中所言的图谋天下，便相继坦言了自己的身份和来意。三人解开误会，并发觉天女和完颜收到的匿名信是有人从中作梗，便约定当晚于盛府书房密谈。当晚，天女与完颜如约而至，但他们进入盛府的一幕被门口的乞丐与书童偷偷记了下来。书房外，管家替三人把风。书房内，盛度告知二人的队伍里存在甄忠诚的卧底。三人商议后决定一同演一场戏，以一幅伪造的《西域图》引出卧底，再假借天女与完颜相信了匿名信，三国关系破裂，从而引卧底进行下一步动作露出马脚，一举抓获。随后天女完颜二人离开。

9月9日白天，盛度借管家之口放出"盛府壮丁在今晚都被派去布置南山村的祭月庆典"这一消息，契丹天女的座上宾甄恩情得知后，便在午夜乔装打扮偷偷溜进盛度书房，与盛度进行了搏斗，盛度假意不敌甄恩情，装作被其打晕，使得他成功取走了伪造的《西域图》。二人的打斗声引来了家仆，家仆将昏迷的盛度唤醒，盛度在告知《西域图》被盗后便再次装作昏迷不醒。当晚，盛府之人报官。官府随即派人扣押了作为外来人的契丹天女与完颜首领，三方势力出现僵局。三人谋划的一场大戏就此拉开帷幕。

9月10日早，三方人查看现场，完颜侍女担心是首领所为，故意在现场留下银针，欲嫁祸给契丹医师。天女的徒弟担心是天女所为，故潜入侍女房间随意取一物件返回现场嫁祸侍女。

历经重重考验后将得到的线索进行分析，抓出了甄忠诚的卧底，最终卧底发现盗走的西域图仍然是伪造的。这时原本昏迷的盛度与天女完颜一同出现，讲述了此计划的前因后果。《西域图》从一开始就没有丢失，是他们三人放出的烟幕弹，目的就是为了抓出甄忠诚的间谍，找出甄忠诚的罪证，最终维护三方友谊。至此，疑图迷案告一段落，祭月庆典开始。

（三）《昨日南山》玩家剧本

1. 宋人剧本

（1）背景设定

北宋前期，由于北方契丹屡次骚扰北部边境，盛度多次上书议论边事。后来奉旨出使陕西，他实地勘察了边疆的地势，又参考了汉、唐以来的古地图，绘制成了《西域图》献给朝廷，又绘酒泉、张掖等五郡东南山川形势为《河西陇右图》。其中《西域图》成为了北宋对抗契丹部落的制衡之物，相传得到《西域图》就可以不费吹灰之力将契丹吞并。尽管有手抄本流传出来，但是其中大多是为了掩人耳目而特意制作的假图，盛度一直将最为准确的初版贴身收藏，不给野心家们一点机会。然而，盛度晚年携《西域图》荣归故里，欲参加秋分当日举办的祭月庆典时，却不料更大的阴谋正在等待着他……

（2）游戏定位

宋韵 / 悬疑 / 推理 / 定向运动。

（3）活动规则

◎ 剧本杀整体规则

目的：揭秘真相。

任务：寻找线索。

剧本杀玩家通过扮演剧本人物，阅读人物剧本，搜寻相关线索，揭开事件幕后真相。

◎《昨日南山》剧本杀游戏规则

性格测试：玩家需在游戏前进行性格测试，根据测试结果发配角色和剧本，不同的角色属性将会获得不同数量的"交子"（虚拟币）和初始线索。

互动演绎：NPC 们（主持人）在不同点位进行表演，演绎剧情，玩家在与不同的 NPC

交谈中发现不同的线索。

自由搜证：游戏在各个不同的点位都隐藏着相应线索，玩家需要细心寻找、耐心解谜才能获得线索。

趣味游戏：玩家可通过各类游戏获取不同程度的线索以及"交子"（虚拟币）奖励。

复盘剧情：在相应阶段结束后，会公布现阶段剧情真相，帮助玩家进行下一阶段探索，直至最后真相大白。

（4）您的角色

教坊部头/盛氏少爷小姐/乞丐/文人墨客/医馆/达官显贵（茶馆、酒楼）/衙门/尚食（考察餐馆酒楼）/逍遥侠客/画师/下山僧侣/书院学生/成衣铺/衙内（官二代）。

（5）角色属性

◎ 教坊部头（分别掌管十三部色：筚篥部、大鼓部、杖鼓部、拍板色、笛色、琵琶色、筝色、方响色、笙色、舞旋色、歌板色、杂剧色、参军色）。

接近花魁获取线索容易，知晓完颜方歌舞团并非寻常水准，不像普通百姓能拥有的技艺，倒像是给皇室观赏所用。

◎ 盛氏少爷小姐

与人和善，可从任意NPC处获取消息，从盛府NPC处获得的必定是真消息；开局拥有的"交子"多。

◎ 乞丐

开局拥有5条线索，3真2假，自己不知情，可以买卖线索；无法进入盛氏家风馆搜证，但在黄山公园游戏环节将降低游戏难度、丰富线索奖励；开局拥有的"交子"少。

◎ 文人墨客

文学类游戏标准降低。

◎ 医馆

知晓医术，能查证相关物证。

◎ 达官显贵（茶馆、酒楼）

从茶馆酒楼处NPC获取的线索难度降低，且必定是真线索。

◎ 衙门

可利用职务之便，查看任意 2 位玩家 3 条线索（但不排除真假），能从任一宋方 NPC 处获得 1 条真线索。

◎ 尚食（考察餐馆酒楼）

可免费吃喝 3 种食物，在餐馆酒楼获取的线索必是真线索。

◎ 逍遥侠客

可随机获取另外两方阵营的 1 条真线索；可以指定 5 名玩家，确认其中是否存在间谍（下午场触发）。

◎ 画师

与图画类相关线索必是真线索，在画铺获取线索难度降低。

◎ 下山僧侣

前往南山石刻朝拜获取 3 条真线索。

◎ 书院学生

降低一定的文学类游戏 2 个难度，限 1 次。

◎ 成衣铺

开局知晓完颜一方并非本地人，但衣着华丽，携带当地玉佩。

◎ 衙内（官二代）

可与 5 名 NPC 交流直接获取信息，但是真假参半；开局拥有的"交子"多。

（6）您的剧本

盛度晚年携《西域图》荣归故里，欲参加秋分当日举办的祭月庆典。收到这一消息的北宋第一奸臣甄忠诚欲图谋帝位，暗中开始了他的计划。与此同时，契丹天女和完颜世子各自带着亲信出使北宋，欲前往南山村拜访盛度。

盛度与天女、完颜先后到达南山村，平静的村庄酝酿着阴谋。祭月庆典前一天晚上，盛度书房传来声响，等家中下人带人赶到之时，书房中只剩倒地的盛度与一地凌乱的图纸，盛度说完"《西域图》被贼人盗走"后便昏迷不醒。那晚曾独自出门的契丹天女与完颜世子均有嫌疑，但是他们都声称自己是无辜的。

祭月庆典当日，作为外来参加祭月庆典的你，受盛度家人之托，需要帮助仍在昏迷的盛度找回失窃的《西域图》。否则，祭月庆典将取消，为确保庆典的顺利进行，你需要寻回《西域图》。作为嫌疑人的契丹天女与完颜世子为洗清自己的嫌疑，将派人与你一同踏上寻图旅程。

2. 契丹剧本

（1）背景设定

北宋前期，由于北方契丹屡次骚扰北部边境，盛度多次上书议论边事。后来奉旨出使陕西，他实地勘察了边疆的地势，又参考了汉、唐以来的古地图，绘制成了《西域图》献给朝廷，又绘酒泉、张掖等五郡东南山川形势为《河西陇右图》。其中《西域图》成为北宋对抗契丹部落的制衡之物，相传得到《西域图》就可以不费吹灰之力将契丹吞并。尽管有手抄本流传出来，但是其中大多是为了掩人耳目而特意制作的假图，盛度一直将最为准确的初版贴身收藏，不给野心家们一点机会。然而，盛度晚年携《西域图》荣归故里，欲参加秋分当日举办的祭月庆典时，却不料更大的阴谋正在等待着他……

（2）游戏定位

宋韵 / 悬疑 / 推理 / 定向运动。

（3）活动规则

◎ 剧本杀整体规则

目的：揭秘真相。

任务：寻找线索。

剧本杀玩家通过扮演剧本人物，阅读人物剧本，搜寻相关线索，揭开事件幕后真相。

◎《昨日南山》剧本杀游戏规则

性格测试：玩家需在游戏前进行性格测试，根据测试结果发配角色和剧本，不同的角色属性将会获得不同数量的"交子"（虚拟币）和初始线索。

互动演绎：NPC们（主持人）在不同点位进行表演，演绎剧情，玩家在与不同的NPC交谈中发现不同的线索。

自由搜证：游戏在各个不同的点位都隐藏着相应线索，玩家需要细心寻找、耐心解谜才能获得线索。

趣味游戏：玩家可通过各类游戏获取不同程度的线索以及"交子"（虚拟币）奖励。

复盘剧情：在相应阶段结束后，会公布现阶段剧情真相，帮助玩家进行下一阶段探索，直至最后真相大白。

（4）您的角色

契丹贵族（公主皇子）/ 外交使臣 / 炼金师 / 巫女 / 天女弟子 / 契丹少将 / 游历高人 / 赴宋朝圣者。

（5）角色属性

◎ 契丹贵族（王子、公主）

跟随天女来访的人物，做掩盖真实行踪之用。身份尊贵，便于打听消息，但是真假参半；开局拥有的"交子"多。

◎ 外交使臣

善于口舌，可以任意指定 3 位 NPC 分别告知一条真线索。

◎ 炼金师

拥有三次点石成金技能（点成的"交子"数量随机），方便买卖消息。

◎ 巫女

可以排除 3 条假线索。

◎ 天女弟子

徒弟的同门，容易得到天女或者徒弟身上的线索，并知晓徒弟的医术很高超。

◎ 契丹少将

体力游戏难度降低，但是不易与人沟通，难以通过交谈获取线索。

◎ 游历高人

可查询两次各方线索收集进度，并随机查看任一队伍的一条主线线索。

◎ 赴宋朝圣者

前往南山摩崖石刻朝拜可以直接获取 3 条真线索。

（6）您的剧本

盛度晚年携《西域图》荣归故里，欲参加秋分当日举办的祭月庆典。与此同时，契丹天女收到匿名信称北宋绘制《西域图》是为攻打契丹。为保家国平安，天女带着你出使北宋，欲前往南山村拜访盛度。

你们一行人在夜晚到达了南山村，此时距离祭月庆典仅剩 3 天。第二天夜晚，天女曾独自离开去往某个地方。两天后的祭月庆典前夕，盛度书房传来声响，传言众人赶到之时，盛度已经倒地，并且说完"《西域图》被贼人盗走"后便昏迷不醒。契丹天女因曾单独外出过，被锁定成为了嫌疑人，但是她告知自己是无辜的。

祭月庆典当日，作为契丹一方的你为洗脱天女嫌疑，需要帮助仍在昏迷的盛度找回失窃的《西域图》。否则，天女将成为犯人。作为嫌疑人的天女为洗清自己的嫌疑，将派人与你和宋人一同踏上寻图之旅。请找出失窃的《西域图》并抓捕贼人。

3. 金国剧本

（1）背景设定

北宋前期，由于北方契丹屡次骚扰北部边境，盛度多次上书议论边事。后来奉旨出使陕西，他实地勘察了边疆的地势，又参考了汉、唐以来的古地图，绘制成了《西域图》献给朝廷，又绘酒泉、张掖等五郡东南山川形势为《河西陇右图》。其中《西域图》成为北宋对抗契丹部落的制衡之物，相传得到《西域图》就可以不费吹灰之力将契丹吞并。尽管有手抄本流传出来，但是其中大多是为了掩人耳目而特意制作的假图，盛度一直将最为准确的初版贴身收藏，不给野心家们一点机会。然而，盛度晚年携《西域图》荣归故里，欲参加秋分当日举办的祭月庆典时，却不料更大的阴谋正在等待着他……

（2）游戏定位

宋韵 / 悬疑 / 推理 / 定向运动。

（3）活动规则

◎ 剧本杀整体规则

目的：揭秘真相。

任务：寻找线索。

剧本杀玩家通过扮演剧本人物，阅读人物剧本，搜寻相关线索，揭开事件幕后真相。

◎《昨日南山》剧本杀游戏规则

性格测试：玩家需在游戏前进行性格测试，根据测试结果发配角色和剧本，不同的角色属性将会获得不同数量的"交子"（虚拟币）和初始线索。

互动演绎：NPC们（主持人）在不同点位进行表演，演绎剧情，玩家在与不同的NPC交谈中发现不同的线索。

自由搜证：游戏在各个不同的点位都隐藏着相应线索，玩家需要细心寻找、耐心解谜才能获得线索。

趣味游戏：玩家可通过各类游戏获取不同程度的线索以及"交子"（虚拟币）奖励。

复盘剧情：在相应阶段结束后，会公布现阶段剧情真相，帮助玩家进行下一阶段探索，直至最后真相大白。

（4）您的角色

金国贵族/军师/金国武将/医局/太傅（文人）/金国歌舞团/天机阁/神龙教。

（5）角色属性

◎ 金国贵族

长袖善舞，可与任意NPC交流获取线索，真假参半；开局拥有的"交子"多。

◎ 军师

善于心计，可以从1位NPC处获得真线索，并利用NPC帮助排除1条假线索（如果NPC知道，NPC不知道的话次数作废）。

◎ 金国武将

体力游戏难度降低，但是不易与人沟通，难以通过交谈获取线索。

◎ 医局

精通医术，知晓书房现场的银针之用。

◎ 太傅

参与文学类游戏降低标准。

◎ 金国歌舞团

便于从花魁处获得线索，可以替换异性NPC的线索。

◎ 天机阁

可以排除3条假线索。

◎ 神龙教

心存傲气，除得到第一名外，没有线索奖励，但是游戏赢得首位，在应有奖励线索之后可以从其他参赛队伍处各获得 1 条真线索。

（6）您的剧本

盛度晚年携《西域图》荣归故里，欲参加秋分当日举办的祭月庆典。与此同时，完颜首领收到匿名信称北宋绘制《西域图》是为威胁契丹，一同攻打完颜部落。为保家国平安，完颜首领带你出使北宋，欲前往南山村拜访盛度。

盛度与契丹、金人先后到达南山村，平静的村庄酝酿着阴谋。祭月庆典前一天晚上，盛度书房传来声响，等家中下人带人赶到之时，书房中只剩倒地的盛度与一地凌乱的图纸，盛度说完"《西域图》被贼人盗走"后便昏迷不醒。契丹天女与完颜首领均有嫌疑，但是他们都声称自己是无辜的。

祭月庆典当日，作为完颜一方的你为洗脱首领的嫌疑，需要帮助仍在昏迷的盛度找回失窃的《西域图》。否则，完颜首领将成为犯人。作为怀疑对象的完颜首领为洗清自己的嫌疑，将派人与你和宋人一同踏上寻图之旅。请找出失窃的《西域图》并抓捕贼人。

（四）活动策划点位规模估算

相关开展活动场地面积估算情况见表 2-3。

表 2-3　活动场地规模估计

序号	内容	面积/规模	备注
1	盛世家风馆	占地面积 1200 平方米 建筑面积 600 平方米	由盛氏祠堂、南山书屋、乡贤馆三部分组成，南山书屋在盛氏祠堂楼上
2	黄山公园	1000 多平方米	加上湖面积
3	未来乡村产业园区	23333.4 平方米	建设中 （包括露营基地、农夫集市、低碳创意综合体、绿色生活综合体等）
4	澄清港	7 千米长	拥有驿站以及水上运动中心

序号	内容	面积 / 规模	备注
5	森林	/	规划中（森林剧本杀）
6	南山摩崖石刻	由西向东 360 多平方米	/
7	村文化礼堂	占地面积 1200 平方米 建筑面积 399 平方米	/
8	休闲广场	40 ～ 50 平方米	又名"南山村文化主题公园"
9	开心农场	1.07 平方千米	/
10	苕溪流域	5917 平方千米	/

（五）活动点位实地调研情况表

活动点位调研情况见表 2-4。

表 2-4 活动地点调研

活动地点	活动情况
黄山公园	地处余杭第三人民医院附近，交通便利。位于盛氏家风馆旁，对外免费开放。湖泊面积较大，土地面积过小且地砖凹凸不平，预计仅可容纳 50 ～ 60 人，无法设置大型活动项目
盛氏家风馆	对外免费开放，游客可以免费参观。室外面积较大，可以设置大型活动。室内可观赏内容较少，二楼书屋面积小，有投影仪
村委会	有停车区域，未见百姓大舞台，文化长廊信息陈旧，设施均有生锈迹象
未来乡村产业园区	仅搭建铁架，未完工
水上运动中心（澄清港）	湖面杂草丛生，并且面积不大，四周多处堆放黄土，桥梁也未完全建成，整个工程尚未完工且不确定工期
澄清港驿站	初步建成毛坯房，内装修尚未进行，工期不确定
森林剧本杀	位于澄清港边上，周边多处堆放黄土，树木密集，杂草丛生，工期不确定
村文化礼堂	一楼有大堂以及活动室（练舞房），二楼有课堂以及健身场所。礼堂门口有一块 30 ～ 40 平方米的空地，旁边有一条围绕礼堂半圈的文化长廊
休闲广场	面积过小，预计仅能容纳 20 ～ 30 人，且位于马路边上，出入需要注意安全
摩崖石刻	山上路途较陡，体力消耗大，山坡处有平台，可稍作休息，并且不配备厕所
开心农场	大棚搭建较多，充斥肥料气味，环境较脏乱

III

乡村产业提升与产品营销

"竹"隐于世，"莓"好生活

——大竹园村主题性旅游及产品策划

选题来源： "建行裕农通杯"第五届浙江省大学生乡村振兴创意大赛—招标村—产业
创意类

项目负责人： 浙江树人学院人文与外国语学院　2019级网络与新媒体专业　林奕辰

团队成员： 章屹璇　丘雨欣　张沛熙

指导教师： 叶　菁　洪佳景

获奖信息： "建行裕农通杯"第五届浙江省大学生乡村振兴创意大赛主体赛二等奖

一、大竹园村概况

大竹园村是一个村域面积为 870 公顷的原生态小村庄，权辖村民组为 16 个，户数为 564 户，人口数为 2133 人，党员为 80 人。该村属于亚热带海洋性季风气候，是乘凉避寒的较优选择之地，春季气候温宜，夏季高温多雨，冬季温和少雨，全年湿润，气温适中，热量充足。

（一）交通区位

大竹园村隶属于浙江省湖州市安吉县灵峰街道南大门，东南邻天荒坪镇白水湾村，西与刘家塘村接壤，北与孝丰镇交界，东与灵峰景区相连。村落先后被评为国家级美丽宜居示范村、省 3A 级景区村庄、省级美丽乡村特色精品村。

安吉县隶属于浙江省湖州市，位于长三角腹地，天目山脉自西南入境，分东西两支环抱县境两侧，呈三面环山，中间凹陷，东北开口的"畚箕形"的辐聚状盆地地形。县域面积为 1886 平方公里。下辖 4 个街道、8 个镇、3 个乡。

大竹园村距安吉县约 13 公里，约为 23 分钟车程，距村庄交通最近的高铁站为安吉站，约 38 分钟车程。其距湖州市约 1 个小时 14 分钟车程，距杭州市约为 1.5 小时车程。大竹园村距离浙江省中心城市畅行无碍，大多可朝发暮至。交通便捷，四通八达，可供多样化出行。

（二）历史文化

大竹园村名的由来借鉴一书——光绪版《孝丰县志》载："太平乡金图中筦庄"。新中国成立后又因有大片竹林而更名为"大竹园"。大竹园村坚定践行"绿水青山就是金山银山"理念，围绕"稻田蔬香、悠然人居"目标定位，坚持做强经营、护美生态、育和乡风、抓实队伍，全力谱写乡村振兴新乐章、绘就共同富裕新画卷。

（三）周边景观

1. 灵峰山

灵峰山地处浙江省安吉县境内，北天目山余脉，灵峰山内千峰叠翠，溪多流长，四季分明，风景资源十分丰富。

灵峰山以其独有的灵峰、灵岩、灵池、灵泉、灵树、灵寺享誉天下，旅游景点有以灵、古、秀、幽为特色的"灵峰三十二美景"，其中尤以"灵峰十景"倾倒不少游客，是回归自然休憩的理想之境。

灵峰山景区距离大竹园村 2.4 公里，车程 10 分钟以内。

2. 千年古刹灵峰寺

灵峰寺坐落在浙江省安吉县递铺镇水口村灵峰山的大雄峰，是隐于山野的一方净土。灵峰寺在群山环抱之中，寺前有参天古树，寺侧潺潺溪水，修篁翠竹，森异幽绝。

安吉县政府对灵峰古刹甚为重视，1983 年定为重点文物保护单位，批准修复开放，该寺现存或新修佛教建筑主要有山门、天王殿、三圣殿、藏经楼、僧寮、客房等。

3. 安吉竹博园

安吉竹子博览园位于竹乡安吉，是西湖边那片竹海中的核心景区，国家 AAAA 级旅游景区等，是一家集竹海观光、竹文化主题体验及科普教育于一体的竹类大观园。

轻舟赏竹翠，曲径闻竹香，凭窗听竹语，登高观竹浪，396 个竹子品种让人可以体验到"宁可食无肉，不可居无竹"的竹子意境；4 只国宝又让人可以感受到大熊猫的迷人萌态；识竹品竹之余，或泛舟湖上，或品茗林间，或挑战自我，安吉竹子博览园是漫步筱园、神清气朗、尽脱俗氛的较佳去处。

安吉竹子博览园距离大竹园村 7.4 公里，车程约为 15 分钟。

4. 藏龙百瀑

藏龙百瀑景区位于安吉东南部，地处省级风景名胜区天荒坪镇大溪村深山峡谷之中，距亚洲第一的天荒坪抽水蓄能电站仅 1 公里之遥，是新近开发的一处以泉、涧、瀑、岩、植被、动物等自然生态景观为主体，以群瀑，密林、险崖为特色的自然奇观。

藏龙百瀑景区距离大竹园村 24 公里，车程约为 30 分钟。

5. 大汉七十二峰

大汉七十二峰位于安吉县南界。安吉县于浙江省西北部，地理位置距太湖源，藏龙百瀑仅 8 公里，景区由大汉岭马尖岗，董岭天堂街，石岭九条弯，龙须山，高山农家度假区五大景区组成。

景区千米以上雄奇山峰近百座。海拔 800 米以上原始农家度假区 13 个。5 个高山梯田观光点、五十八涧、九十八瀑等大小景点 203 个。是安吉高山休闲、度假、游览、观光、避暑、地质勘查、科研考察不可遗漏的宝地。

6. 廉池

莲叶田田，十里菡萏。沿着"乡村梦工厂"这块牌子旁边的乡路开到村口，就能看见一大群鸭子和大片的荷花塘，中间设有步道。接天莲叶无穷碧，映日荷花别样红。这一片区域十分适合前往拍照打卡。

7. 安吉江南天池

安吉江南天池处于浙江省天目山北麓的安吉县境内，位于海拔近千米的天荒坪，在翠竹簇拥、群山环抱之中，它以亚洲第一、世界第二的天荒坪抽水蓄能电站为依托，将雄伟的电站建筑与秀丽妩媚的自然风光结合，成为安吉生态旅游中的一道亮丽的风景线。

安吉江南天池距离大竹园村 32 公里，车程约 40 分钟。

（四）本地特产

农产品：蓝莓、黄茶、年糕、时令季鲜、板栗、豇豆、竹子、红笋干等。

手工艺品：竹制品手工。

（五）基础设施

1. 服务设施

村内公益设施覆盖面广，含有综合服务中心、社区卫生服务站、幼儿园、老年活动室、文化广场、健身广场、灯光球场、乡村大舞台等。

总面积为 6000 平方米，建筑面积为 1220 平方米，绿化面积为 2100 平方米，总投资为 480 万元。

2. 文化设施

已有一些基本的乡村文化体验活动，如"灵峰之夜"大型集市、"七夕今夕 荷你有约！"荷花节等。

设有大竹园文化雅堂、老大会堂、老办公楼等乡村文化场所，展现乡村风采。

3. 交通方式

高铁：全省各地—湖州高铁站/杭州高铁站后，在安吉"快点出行"公众号中，点击"定制客运"湖州/杭州—安吉客运中心。

汽车：全省各地—安吉高速出口—导航到安吉县大竹园村。

4. 安全保障

大竹园村已建立完善突发事件和防汛防台等应急体系，如遇紧急情况或者突发事件，请拨打联系人电话、灵峰街道值班电话 0572–5339701 或者报警热线 110。

（六）大竹园村概况

地理：大竹园村隐匿深山，依山傍水风景清幽。

经济：竹海观光竹乡休闲，山乡人居度假养生。

资源：竹乡山水资源丰富，以竹为景以水为境。

文化：缺乏整体品牌建设，地域特色有待开发。

建设：基础设施仍需完善，景观环境有待整合。

综合：宏观旅游规划不足，微观旅游线路欠缺。

二、现状调研

粉墙黛瓦马头墙，61 幢房子，11 个户型，错落有致，或是逐田而居，或是临水而居，或者是环竹而居，再或者是依竹而居。天然优越的环境、四季不同的美景、温暖朴实装修风格成为当地吸引游客的主要因素。

（一）民宿现状

大竹园村里所有的道路都是由原来的田埂路演化而来，竹、田、水等传统自然村落元素都被保留。大竹园村民宿在高德地图、携程等 App 提供的查询汇总中，共有以下民宿正在营业且盈利可观。

1. 灵溪别院

主要提供餐饮、住宿，24 小时热水，基本设施健全，设计风格为地中海风格，房间数为 6 间，价格在 592 元以上，全包整栋住宿价格约为 4688 元。现状如图 3-1 和图 3-2 所示。

图 3-1　灵溪别院 1　　　　　图 3-2　灵溪别院 2

2. 舍予三日民宿

主要提供餐饮、住宿，装修风格为简约、INS 风，房间数为 14 间，价格未明。现状如图 3-3 和图 3-4 所示。

 图 3-3　舍予三日民宿 1 　　　　　　　　图 3-4　舍予三日民宿 2

3. 安吉踏莎行民宿

主要提供餐饮、住宿、娱乐设施（如散步、钓鱼、烧烤、棋牌、KTV 等），房间配有巨幕投影、智能家居、独立浴缸，另有免费的景点接送服务。装修风格为日式简约风，房间数为 4 间，价格在 683 元以上，暂未提供包场服务，现状如图 3-5 所示。

 图 3-5　安吉踏莎行民宿

4. 安吉一田一墅民宿

主要提供餐饮、住宿、娱乐设施（如家庭影院、棋牌室、户外烧烤、生日宴会布置等），房间配有中央空调、高端卫浴，公共区域有地暖。装修风格简约、北欧风格，房间数为 7 间，价格在 1209 元以上，全包整栋住宿价格约为 9667 元，现状如图 3-6 和图 3-7。

图 3-6　安吉一田一墅民宿 1

图 3-7　安吉一田一墅民宿 2

5. 安吉乡旅梦工厂民宿

主要提供餐饮、住宿。装修风格为中式极简风，房间数为 17 间，价格在 1194 元以上，未提供包场服务，现状如图 3-8 所示。

图 3-8　安吉乡旅梦工厂民宿

6. 乡旅 7 号

主要提供餐饮、住宿。装修风格为中式风格，房间数为 5 间，价格在 963 元以上，未提供包场服务，现状如图 3-9 和图 3-10 所示。

图 3-9　乡旅 7 号 1　　　　　　　　图 3-10　乡旅 7 号 2

7. 安吉竹溪·足兮民宿

主要提供餐饮、住宿、娱乐设施。装修风格为欧式风格，房间数为 6 间，价格在 544 元以上，全包整栋住宿价格约为 8041 元，现状如图 3-11 和图 3-12 所示。

图 3-11　安吉竹溪·足兮民宿 1　　　　　图 3-12　安吉竹溪·足兮民宿 2

8. 安吉若隐若溪民宿

主要提供餐饮、住宿、娱乐设施。装修风格为地中海风格，房间数为6间，价格在1077元以上，提供全包整栋住宿价格约为6888元，现状如图3-13和图3-14所示。

图3-13　安吉若隐若溪民宿1

图3-14　安吉若隐若溪民宿2

9. 是田园呀民宿

主要提供餐饮、住宿、当地景点购票、一站式管家服务等，房间都配有高档智能马桶、汉斯格雅淋浴龙头，以及特色的浴缸泡池，基础设施较科技化。分为竹里、篁外2幢别墅，设计风格为品味中式、禅意和式，还有浓郁的古典欧式，房间数为22间，价格在1354元以上，提供全包整栋住宿服务，价格分别约为9186元和21750元，现状如图3-15和图3-16所示。

图3-15　是田园呀民宿1

图3-16　是田园呀民宿2

（二）餐饮现状

大竹园村不仅有环境优美的民宿和乐享原味生活的造物园，还有文艺气息浓厚的手作村落。其中，乡村咖啡馆也是大竹园村居民走向发家致富道路之一。据调查，现有 4 家网红咖啡店正在营业。

1. 茶话 CHIT CHAT TEA

主要经营为销售甜点、咖啡，人均消费约为 44 元，品牌理念为"喝茶，不老套！"茶话，源于香港一个年轻的茶品牌，店家希望透过一壶茶，打破人与人之间的隔阂，保留传统茶的口感同时，并加以创新的表达方式，让喝茶这件事变得生活化。部分产品如图 3-17 所示。

图 3-17　茶话 CHIT CHAT TEA

2. Cozy 咖啡店

主要经营为销售甜点、咖啡，人均消费约为 50 元，具有南法简约风的设计格调，白墙绿植搭配原木风桌椅。

室外有吊床、草坪、水塘……出片率满分，适合拍照打卡。咖啡种类丰富，果汁花茶也能满足不同味蕾，可以搭配着不同的甜品简餐，如图 3-18 和图 3-19 所示。

图 3-18　Cozy 咖啡店外景

图 3-19　Cozy 咖啡店一角

3. 稻田 · 瓢虫咖啡

主要经营为销售甜点、咖啡、简餐，人均消费约为 45 元，摆放的原木家具温润且治愈，给人自然纯净的空间感受，明媚的阳光透过玻璃倾泻而下，在这里，可以惬意欣赏纯美的稻田景观以及夏日的荷花，如图 3-20 和图 3-21 所示。

图 3-20 稻田·瓢虫咖啡 1   图 3-21 稻田·瓢虫咖啡 2

4. 瑰夏咖啡馆

主要经营为销售甜点、咖啡，人均消费未知，在这里，落花流水春去野，客人闲庭落座喝拿铁，这是一家藏在村里小院的甜蜜，店铺宣传文案如图 3-22 和图 3-23 所示。

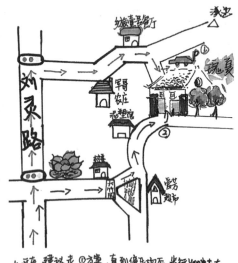

图 3-22 瑰夏咖啡馆海报   图 3-23 瑰夏咖啡馆手绘路线

（三）品牌传播现状

1. 当地宣传依靠网络平台推广较少，目前已知推广平台有小红书、微博等等，主要宣传渠道在小红书，通过旅游 Up 主进行相应传播。网络宣传力度并未投入太多，因此缺少一定的知名度。

2. 在大竹园村的微信公众号上，可看出来最后一次编辑在 2019 年，账号已经很长时间没有人运营，未发布相关文章进行宣传或介绍。

3. 在网络社区共享 App 小红书可以看出大竹园村大部分宣传方向在于民宿、餐饮、景色，对于大竹园村特点发掘还未体现出来。

三、主题旅游品牌

（一）PEST分析

P（政治）：国家文旅部重视，消费新业态日渐成熟。

E（经济）：文旅资源强融合，文旅经济正在进行时。

S（社会）：乡村发展可持续，优先推进构建新格局。

T（技术）：善用新媒体技术，推动村庄街道活起来。

（二）旅游品牌

1. 品牌名称

"莓"好生活，"竹"隐于世，

这是一个，

具有蓝莓鲜竹的农耕果园村，

充斥文化雅俗的清闲休憩地，

拥有莓你不可的休闲乐园处，

成为避世之所的治愈隐居地。

2. 品牌理念

一颗颗蓝莓鲜果，一株株苗壮鲜竹，

与农耕实践自然结合，

是重回初始一切重来的世外桃源。

一类类节日，一处处创意全年不断，

应接不暇，文韵富溢，雅俗共赏，

是文人雅士的再造天堂。

"莓"你不可，乐园之地，

思愉悦之想象，行快乐之实践，

是休闲娱乐的好去处。

心灵氧吧，治愈养心，

四时变幻，纵情山野，

是抛却浮沉归一、扫清浮躁归心的隐居地。

（三）品牌策略

形象策略——莓你不可的装饰风貌与治愈避世的果园景观特色。

文化策略——大竹园村抛却浮沉气的理念和当地文化标志外化。

旅游策略——大竹园村整体旅游项目策划与重点活动项目打造。

产品策略——农园新奇蓝莓农产品与乡村文创衍生品的品牌化。

（四）品牌体系

大竹园村可根据"莓"好生活，"竹"隐于世的总体品牌描述，分为以下三大品牌系列。

1. 重回初始的体验——农耕主题

蓝莓农耕体验园、"夺笋"大作战、自制山泉竹筒面、果汁柿染 DIY 等。

2. 扑面而来的文韵——文化主题

竹书画 PK、谈竹作词、果实知识竞答、大竹展览之行、竹编观摩之行等。

3. 寻回快乐的游园——乐园系列

寻宝探宝之行、竹林解密、IP 人物涂色、咖啡赏味与魔法等。

（五）品牌形象

想到安吉就会想到竹子，竹子和安吉是密不可分的双生密友。整体的 logo 以竹子围绕成一个圆圈，代表了大竹园村由竹子产业带动发展，是竹子的乐园。同时竹子还相继带动各方面的产业，比如旅游业、食品生产产业，各产业形成一个闭环，环环相扣，不分彼此，如图 3-24 所示。

图 3-24　品牌 LOGO 设计

乐园内是一幅水墨画，代表了大竹园村内的人们，一代一代，生生不息地依靠大竹园，俗话说"靠山吃山，靠水吃水"，大竹园的人们世代跟大竹园紧密相连，像母亲和孩子一样。同时里面的画还形似一个微笑的表情，代表着大竹园就像一个伊甸园，包含各种吃喝玩乐，也像一个世外桃源。

（六）产品体系

1. 体验产品

（1）农园体验：绿色综合生态园（观光和活动）、共享竹园和果园（互动）、农产品展销（观光及消费）、蓝莓文化馆、竹文化馆、乐园咖啡馆。

（2）农园节日活动：蓝莓召集令（含蓝莓采摘、蓝莓知识普及于一体）、竹文化节（含展览会、观摩会、展销会、书画会、赏竹会、品笋会）、大竹园品竹会。

（3）各活动价格和特色按照不同年龄及兴趣爱好的游客划分。

2. 文创产品

（1）实用类："莓"你不行蓝莓汁、蓝莓加工食品、蓝莓 IP 人物印花帆布袋、蓝莓 IP 人物印花马克杯、安吉白茶礼包、竹笋加工食品、竹筒酒等。

（2）装饰类：以蓝莓 IP 衍生的蓝莓 IP 人物贴纸、蓝莓 IP 人物戒指、蓝莓 IP 人物团子、蓝莓 IP 人物玩偶等。

（3）以竹元素衍生的：油纸伞、竹编工艺品（竹编手提包、竹编吊灯等）、竹制茶杯、竹片篆刻等。

3. 农产品

（1）重点产品：竹笋、蓝莓。

2～3 月：竹笋；3～4 月：现炒安吉白茶；7～9 月：蓝莓。

（2）全年供应：竹子酒、蓝莓干、礼盒装安吉白茶、竹笋加工制品。

四、特色项目策划

（一）特色介绍

1. 云雾小路

结合大竹园村的定位是清幽雅居，山野里的"瑶池阆苑"。所以可以创想在村里的石桥、台阶等设置人造烟雾，这样即使是走在乡间小路上也可以感受到："浩浩乎如冯虚御风，而不知其所止；飘飘乎如遗世独立，羽化而登仙"。人造烟雾不仅可以增加大竹园村的缥缈与氛围感，在夏天还可以清热降暑，给游客带来丝丝清凉。

2. 隐世石雕

针对村落本身具有的农耕种植特色，结合"莓"好生活，"竹"隐于世的定位，加以石的图形元素，突出治愈养心理念，输出抛却浮沉归一、扫清浮躁归心的概念，打造入园入口的门台石雕，如图 3–25 所示。

图 3–25　隐世石雕概念设计

3. "竹"隐立方体

于园内放置多处立方体,其多面皆印上官方公众号的二维码图片,可为网络公众号吸引客流,如图 3-26 所示。

图 3-26 "竹"隐立方体

4. 竹与新序

设计灵感来自竹编艺术,由防疫热度事件抽象出来,用简洁的点、线、面语言,提高竹编的可上手性,由成千上万片竹篾打造地景艺术装置,置于大竹园村入口处。作为地标性的建筑,让游客一进入村内就能体会浓厚的竹文化。

竹篾所编为含苞待放的花骨朵和肆意绽放的花朵,意指疫情后人们的必然新生,与此同时致敬时代下坚毅的抗疫者,如图 3-27 所示。

5. 玩味竹社

玩味竹社社长由大竹园村非遗传承人担任,主要

图 3-27 竹与新序设计意向

负责竹编手工的教学与成果展示。

玩味竹社为游客提供竹编制品的相关材料包，由此提高竹编的可操作性。让游客在感受竹编文化的同时也能亲身体会竹编的制作过程。游客可用提供的材料包自行创作，DIY制作出属于自己的竹编艺术。

6. "莓"好"阶"升

在园内各处台阶壁上，撰写多句奋斗语，给予人青春的力量和感染力，小孩来园会觉得有意思；年轻人来园可以打卡拍照；年长者来园可以感受扑面而来的青春力量，被园内气氛感染，愿意下次再来园，语言可如"你永远保持年轻""搭一架梯子直通星辰"等。

7. "莓竹"腕带

入园者在入口处都可以获得由工作人员分发的一条"莓竹"腕带，相当于别样的入场券。在园内的路灯下，墙壁上，树木景观枝丫上可以找到多种形式的腕带，游客可自行取下留作纪念。根据腕带可以在寻宝游戏前，在园内领取点领取寻宝地图。

8. "莓竹"PREDICT

入园者在入口处都可以获得由工作人员分发的一本"莓竹"预告手册，提前知晓各类活动的安排时间，推荐入住的民宿及地点、推荐的咖啡厅及售卖的文创产品、农产品等。

9. 互动设计

在园内文化馆内，如蓝莓馆、竹文化展览会、观摩会等，设置语音导览，AR体验点，扫码观看视频。希望讲解的游客可以于前台领取语音导览设备，根据馆中物品前的序号，在设备中输入，则可以听取讲解，既节省人力，又减少游客尴尬。AR体验点可于馆内有设置的地点进行体验，扫描物品前的二维码即可观看介绍视频。

10. Meiz

Meiz是项目在元宇宙的时尚语言代码。沉浸感、参与度、永续性激发多元主体。

元宇宙中，虚拟数据拥有无限可能与无限形态。3D世界让人们有机会暂停物理定律，创造出在现实生活中不可能实现的时尚形式。

11. 木像展陈

在园内文化馆内，建设一块区域，利用人物的雕像与木像，演示出大竹园村在历史上的蓝莓种植经历和竹林建造的事实，使得文化馆更具感染力、风趣味，能够吸引更多游客，增加用户黏度。

12. 浮雕纪实

在园内文化馆内，建设一块区域，构建墙面浮雕，利用浮雕演示出大竹园村在历史上的关键年度，形象生动地展示出大竹园村的重要历史节点，使游客更加直观地感受大竹园村的风土人情和历史。

13. 黏土展示

在园内文化馆内，建设一块区域，利用黏土演示出大竹园村在历史上的蓝莓种植和竹林建造的土壤优势等，使得文化馆更具感染力、风趣味，能够吸引更多游客，增加用户黏度。

（二）旅游线路策划

1. Magic "莓竹克"：亲子出游

住：安吉若隐若溪民宿；

游：藏龙百瀑—安吉竹博园—廉池；

娱："一起采莓吧"—蓝莓 IP 人物涂色活动—蓝莓汁柿染 DIY—乐园咖啡馆赏味和魔法—徒步竹林—展览会—观摩会—书画会；

闲：茶话 CHIT CHAT TEA；

食：山泉竹筒面。

2. "莓"好：闺蜜出游

住：安吉踏莎行民宿；

游：灵峰山—藏龙百瀑—廉池；

娱："一起采莓吧"—蓝莓汁柿染 DIY—乐园咖啡馆赏味和魔法—徒步竹林—展览会—

展销会—书画会—"夺笋"宴；

　　闲：Cozy 咖啡店；

　　食：竹子酒、山泉竹筒面。

3. 银发"竹"好：中老年出游

　　住：安吉军哥农庄；

　　游：灵峰山—千年古刹灵峰寺—大汉七十二峰；

　　娱：谈竹作词—徒步竹林—展览会—展销会—书画会；

　　闲：稻田·瓢虫咖啡；

　　食：竹子酒、山泉竹筒面。

五、活动运营

　　一"节"：穿越千年探非遗。

　　一"令"：小探险家正出发。

　　一"会"：一刀一竹绘诗画。

（一）"一节"：安吉博雅灵峰竹节

1. Slogan

新中式刷新热搜，是一种形式，更是文化。

竹文化，骨子里的文化。

春来到，百花开，3月的江南，宝藏来。

安吉大竹园村竹文化节。

开启前所未有的竹文化之旅！

2. 项目背景

安吉竹多，竹好。安吉本就盛产竹子，而且产量高、品种多。

竹编文化颇深。竹编匠人们精湛娴熟的手艺，制作的竹编产品，质量上乘、种类繁多、规格齐全且有防霉变、防虫蛀、坚固耐用、实用性强等优点，获得了大批游客的青睐。

3. 活动推广

◎ 线上：

——小红书发布相关笔记宣传。

"竹之乡"安吉的限定美好，藏在这些非遗文化瑰宝中。

让我们一起寻文化、探竹林、品美食……

在竹林里触摸不一样的安吉。

逃离城市的喧嚣，在自然全面放松。

你需要花费更多的时间慢慢与之交心。

——官方直播、微信小程序宣传。

◎ 线下：

——制作并分发小卡片、传单（包含活动时间、活动具体内容、宣传海报和预约电话等信息）。

4. 活动方式

通过微信公众号、官方小红书账号或大众点评预约参加。

5. 活动时间

7 月 31 日至 8 月 7 日（适应大学生暑期实践时间）。

6. 活动价格

成人票价 90 元一张，亲子票（一大一小）150 元。

7. 活动内容

（1）展览之行

分流参观竹编展品。竹编展品包括竹编手提包、竹编吊灯、竹编篮子、竹帘、竹编簸箕等。油纸伞（非物质文化遗产）成品，LED 屏幕同步播放相关制作视频，让游客身临其境地感受中国非物质文化遗产的魅力。

（2）观摩之行

一件优秀的竹编制品自然需要上千上万根上好的竹丝制成，一根竹子，生长 6 年以上才能够成为原材料，一根竹子破成几毫米的竹丝，需要手工师傅有相当纯熟的手艺，之后要经过高温、水煮、日晒等多道工序，才能成为根根可以编织的竹丝。

◎ 亲手体验：观摩会让游客亲身体验并亲身感受竹编制作的过程。

◎ 志愿者讲解：由于制作过程较为复杂，所以每个场馆现场安排至少一名志愿者同步讲解制作过程。

◎ 模拟游戏：线上提供可以体验现场竹编制作的模拟游戏。

（3）展销之行

◎ 展销购买：竹编成品、各种有关竹子的文创和饰品等都会进行展销售卖。

◎ 摆摊售卖：如果想要体验售卖可提前预约摆摊车，摆摊车租赁一天 150 元，一辆摆摊车可供最多 3 人同时使用，摆摊所赚取钱的 10% 在最后清算时归本人所有。

◎ 安吉竹编产品售卖官网：http://www.anjizhubian.com/。

（二）"一令"：蓝莓召集令——"莓"丽生活，你我共行！

1. Slogan

别再独守屏幕看《向往的生活》啦！

迈开脚步，我们自己出发！

摘蓝莓，赏蓝莓，品蓝莓。

这一次，让我们亲身体验一把农耕生活的乐趣！

2. 项目背景

向往农耕。在快生活及内卷文化盛行的当下，人们越来越疲于在水泥钢筋丛林中每天奋战着的生活，随着李子柒视频走红、《向往的生活》综艺热播，许多人越来越向往曾经的农耕生活。

蓝莓丰盛。安吉盛产大唐蓝莓，相较于其他产地的蓝莓，安吉培育的明星品种"奥尼尔"口味更为甜美。基于此，本项目集体验农耕生活和休闲于一体，全面打造"蓝莓游"旅游线。

3. 活动时间

5月2日至6月28日、7月15日至8月31日。

4. 活动推广

◎ 线上：

公众号推文宣传：推文中植入svg交互效果，内容为蓝莓IP人物形象向大众发出邀请。

抖音号视频推广：果园现场实拍和活动介绍。

微信小程序宣传。

电视投放广告。

◎ 线下：各地铁、公交站投入广告海报，如图3-28所示。

图3-28 公交车站海报设计

5. 活动内容

（1）寻找小 "莓" 好——召集令预热

◎ 活动标语：

三月生，四月长，五月落花果儿膨。

在所有的春意盎然里，蓝莓也在努力生长。

蜂引蝶舞，你可发现了散落四处的小"莓"好？

走吧！一起去看吧！"莓"好生活，快乐先行！

◎ 活动方式：

通过小程序或公众号线上预约报名。

◎ 活动时间：

5 月 2 日至 6 月 28 日。

◎ 具体安排：

——地图寻宝。绘制大竹园村蓝莓线总地图，分别在果园外侧、蓝莓馆、乐园咖啡馆设立 300 处藏宝点，随机抽取 10 个藏宝点绘制成藏宝地图，每月每场供应 10 种藏宝地图。宝物为蓝莓 IP 人物形象拼图碎片 1 张（放置在白色小盒子中）。

——神秘大奖。额外设立藏宝隐藏大奖 4 份，对应每月发放 1 份。每月仅有 1 个隐藏大奖，以兑换券的形式（放置在金色小盒子中）挑选任意一天随拼图碎片一齐发放（藏宝图上无额外标注）。奖品为由大竹园村蓝莓线联合竹线共同打造的"莓竹克"IP 潮玩手办 1 份。

——探宝赢奖。游客凭借预约信息领取藏宝图，自发前往各藏宝点进行探宝行动，游客集齐全部蓝莓 IP 人物形象拼图碎片后可凭借完整拼图换取"莓"你不行蓝莓汁饮品 1 箱。蓝莓 IP 人物形象如图 3-29 所示。

图 3-29 蓝莓 IP 人物形象设计

◎ 活动价格：

入场券 70 元 / 人，亲子价（一大一小）110 元 / 户，团体价（7 人）450 元 / 队。

◎ 活动亮点：

常规性娱乐活动，为大竹园村增加额外营收，为之后的蓝莓召集令主题活动预热。

（2）"一起采莓吧"——召集令第一行

◎ 活动标语：

江南可采莲，安吉蓝莓甜。

工业文明下的蓝莓放在冷冰冰的保鲜盒里，

靓丽的包装、严谨的食品安全说明，

很漂亮，但不那么"蓝莓"，蓝莓应该在枝繁叶茂里。

这个夏天，让我们回归果林，去看看最本真的蓝莓吧！

◎ 活动方式：

无须预约，现场直接参与。

◎ 活动流程：

游客抵达现场，在入口支付押金领取果篮，由果农带领进入果园，果农进行蓝莓采摘示范后，游客自行采摘蓝莓。单人每场限时 1 小时体验时间，其间所获蓝莓可按每斤 10 元购买后自行保留。

◎ 活动价格：

押金为每人 20 元，如有物品损坏丢失押金不退。

◎ 活动亮点：

将人们从嘈杂的市井生活中脱离出来，回归农园，在"卷"文化盛行的大环境下带领游客体验一把"采菊东篱下"的悠然自得。

（3）蓝莓知多少——召集令第二行

◎ 活动标语：

蓝色的，圆润的，小小的。

酸甜的，低脂的，护眼的。

蓝莓身上的秘密远比几个形容词更多。

快一起踏入蓝莓馆，一起来听蓝莓的故事。

◎ 活动方式：

无须预约，现场直接参与。

拟于距离果园东行 200 米处建造蓝莓馆。

蓝莓馆拟占地面积 1600 平方米左右，其中展陈面积 700 平方米，内容为蓝莓培育技术介绍及蓝莓功效介绍，其余面积分为文创区 400 平方米和活动区 500 平方米。

◎ 具体安排：

展陈区：游客自行参观，展厅主要以图文介绍蓝莓功效及蓝莓生长相关知识。

文创区：售卖蓝莓 IP 人物文创周边。文创周边包括印有蓝莓 IP 人物形象的帆布袋、手帕，蓝莓 IP 人物玩偶团子，蓝莓 IP 人物贴纸，蓝莓 IP 人物戒指、钥匙扣等。

活动区：

——蓝莓 IP 人物涂色活动。无偿提供纸笔，含线稿，主要面向小学年龄段儿童，完成画作后可挂在墙上让游客自行合影或带走，如图 3-30 所示。

图 3-30　蓝莓 IP 人物涂色设计

——蓝莓汁柿染 DIY。用果园中腐烂掉落的已失去食用价值的蓝莓榨汁作柿染原料，请非遗传承人现场进行指导，参与该活动须付费。游客可 10 元购买一条白色手帕进行扎染等 DIY。

——蓝莓知识竞答。以展陈区的介绍为基础设立知识竞答活动。活动区划分出 120 平方米设立竞答区，由主持人宣讲题目，游客抢答。每日上午场（10:50 开始）、下午场（14:00

开始）各 1 次，每场 20 道题，全对：一等奖（奖品为"莓"你不行尝鲜套装）；错 1 道：二等奖（奖品为蓝莓 IP 人物印花帆布袋一只）；错 2 道：三等奖（奖品为当天采摘的蓝莓一盒）。

◎ 活动价格：柿染活动入场券单人价 50 元 / 人，亲子价（一大一小）80 元 / 户。

◎ 活动亮点：寓教于乐，传统文化和现代娱乐的结合。

（4）舌尖上的"莓"味——召集令第三行

◎ 活动标语：

什么？蓝莓只是酸酸甜甜的？

不，蓝莓可以是酸的，可以是甜的，甚至还能是苦的！

疲惫的旅人寻找着歇脚的乐园，

玩累了的游客，乐园咖啡馆为你们敞开大门！

◎ 活动方式：

建造乐园咖啡馆，供消费。

乐园咖啡馆拟占地 300 平方米。分为赏味区 200 平方米和魔法区 100 平方米。

◎ 活动内容：

——赏味区

提供蓝莓相关甜品饮品。游客按菜单自行购买。

拟提供蓝莓产品为莓莓裹然甜、"莓"林的魔法、星空蓝调，如图 3-31 至图 3-33 所示。

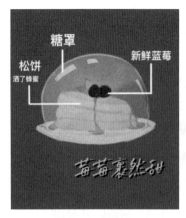  

图 3-31　莓莓裹然甜　　　　图 3-32　"莓"林魔法　　　　图 3-33　星空蓝调

——魔法区

设置 DIY 亲子吧台，收取门票。供亲子体验自行制作蓝莓汁、蓝莓撞奶等甜品。现场提供甜品制作小海报，也可关注公众号 / 进入小程序观看教程视频。原材料来自"摘蓝莓"环节所获蓝莓，或现场由咖啡馆提供（收取费用）。每个家庭每场限做 3 款甜品。

◎ 活动价格：魔法区门票亲子价（一大一小）60 元 / 场。

◎ 活动亮点：玩法多样化，保证娱乐性的同时实现成本的效用最大化，活动多为亲子共同参与，足够吸引客流量。

（三）"一会"：山隐诗语品笋雅会文化会

1. 项目标语

竹，号称君子，

不刚不柔，高风亮节，凌霜雪而不凋，

自古以来吸引无数文人为它作诗作词，

你也想试试吗？

安吉大竹园村文化会等你大展风采，

这里不仅聚集各类文人雅士，

更是有无数美食等你来品尝！

2. 项目背景

安吉拥有竹子品类众多。世界竹子看中国，中国竹子看安吉。安吉是中国著名竹乡，中国野生竹种 500 多种，安吉县已拥有 360 多种，成为世界上竹子种类最多的地方。

安吉竹文化历史悠久。竹被认为是安吉的灵魂，安吉的希望，更是"绿水青山就是金山银山"理念在安吉的完美实践。竹子在安吉有着悠久的历史传承，在宋代便有了明确记载，在明、清两代的记述中更见其盛。千百年来，安吉人与竹子结下了不解之缘，其独特的竹资源、竹环境和竹利用形成了丰富多彩的安吉竹文化。

3.活动时间

1 月 15 日至 2 月 15 日均可预约。

4.活动价格

套票价格为 260 元 / 户，单个项目价格为 100 元 / 人，品笋大 PK 价格为 200 元 / 人。

5.活动内容

竹文化会共分为两个大类。一类为涉及有关竹文化诗词歌赋以及相关画作的比拼会。另一类为鉴赏竹子品类以及品鉴竹笋的谈论会。可谓是既有阳春白雪，又有下里巴人。

（1）书画大 PK

亲身体验在竹子制品上写字绘画。

感受古代文人的高雅情趣。比如，可在制作完的成品竹筒上题字作画，DIY 属于自己的竹制茶杯，或在竹片上书写，体验"竹简书法"，创作具有中式风格的书签。

现场点评。最终由现场专业的评委来点评并评出一、二、三等奖各 1 名，优胜奖 3 名，自己 DIY 的产品可归本人所有，获奖人员均可获得由承办方提供的惊喜大礼包 1 份。

（2）赏竹大 PK

赏竹会共分为两大板块。

一种为竹林解密。穿梭在原生态的竹林中，感受竹子的"风骨"。随行的导游志愿者会对当地竹子的历史、生长状况以及竹子的品类进行讲解说明。

徒步锻炼的同时可报名参加竹林竞走大 PK，体力脑力一起锻炼。在规定路线完成"解密"（解密指的是承办方提供的关于竹文化的解密游戏）的任务并且到达终点打卡，用时最少的前三名可获得竹文化大礼包 1 份。

另一种为谈竹作词。文人雅士聚集一堂，举行竹文化诗词现场创作大会，现场由专业人士进行点评，评出一、二、三等奖各 1 名，并送出当地特产 1 份。现场还免费提供安吉当地白茶和果子，在涤荡心灵的同时也不能忘了口舌之欲。

（3）品竹大 PK

◎ 夺笋品笋

在原生态竹林中寻找竹笋，大家一起徒步上山，动手挖笋不失为一种好的娱乐项目。但是如果把这一项目加上时间限制和规则约束，并且附赠丰厚的奖品。是不是更加令人心动了呢？

夺笋活动可 1 ～ 3 人为一组，每组限时在 2 小时以内，在规定的竹林区域内挖笋，结束后，各组所挖的笋到指定地点称重，笋最重的一组获胜。获胜组可免费使用自助厨房。挖到的笋归小组所有。

小组可将挖好的笋剥皮切块，制作一餐竹笋宴，岂不美哉！提供挖笋工具为锄头，人手 1 把，农家乐自助厨房（6 ～ 8 人 / 间）并提供当地果蔬等食材辅料。和家人朋友一起体验自给自足的原始农耕生活吧！

参加品笋大赛的队伍可将自己烹饪的菜式择其一种来参加 PK，专业人士品鉴后，获胜团队可获得奖金 200 元及竹文化大礼包 1 份。

◎ 品竹子酒

竹子酒产自安吉鄣吴镇胎竹酒种植基地。通过将优质的纯粮食酒注于竹节腔内，在 2 年的生长期中，在竹叶的光合作用下，将竹中对人体有益的黄酮、多种氨基酸、维生素等微量元素融入酒中。游客可通过现场体验制酒过程（竹胎注射酒—成竹取酒—品酒）三个方面来感受安吉特产酒——竹子酒的魅力。

◎ 品山泉竹筒面

既有清凉甘甜的山泉又有清爽 Q 弹的凉面可谓是舌尖的双重享受。

将竹子作为载体来搭建，通过引流的方式，将山中天然无害的清泉经过过滤等程序，引部分的泉水到劈开的竹筒制成的"管道"中，这就制成了凉面的山泉底，这些山泉底往往搭载着煮好的面条，流到顾客跟前。

顾客坐在竹子两边，当面条流到自己面前时，用筷子从水中捞起，用当地特产茶叶的茶汤作为汤底，并蘸取秘制调料来调味。在一天劳累的文化会活动之后，得以小憩，边观景，边品面，别有一番风味。

六、运营管理

（一）核心理念

1. 统分结合，整体规划

部分委托运营，以"社会资本＋村集体"形式成立运营公司，合作经营项目。而部分独立经营项目，由经营主体独立经营。

2. 农园运营与文化衍生品相结合

挖掘当地民俗与历史文化资源，开发突显地域文化和乡村特色的乡村农园产品和创意产品，提升其文化内涵，增强体验感，丰富产品体系。

3. 综合考虑大竹园村旅游全产业链

通盘考虑大竹园村的旅游全产业链，包括吃、住、行、游、购、娱，积极拓展产业链延伸段，推动关联产业和区域经济协调发展。

4. 互联网＋新媒体实现农园宣传推广

打造网络宣传特色，独创蓝莓 IP 形象，开辟更广阔的网上农园咨询和宣传推广媒介渠道，加强网上农园活动的预订整合应用，借助互联网技术，通过线上线下融合发展，宣传本地农产品及文化。

（二）运营模式

"N"模式 N 方共同支持

运营团队：对农园内的所有活动统一运营管理。

果农：参与果园的运营，可享受运营的分红。

村委会：村内基础设施建设，占有一定比例的股份，给予一定政策支持。

（三）服务内容

1. 饮食

咖啡厅模式——顺应当下时兴，自主研创独家甜品；

农家乐自助厨房模式——原生态无公害食材供应，自主烹饪；

亲子 DIY 模式——亲子共享吧台，在制作美食的过程中留下美好的回忆。

2. 住宿

平台预订；公众号或小程序预订。

3. 交通

共享自助车辆服务。

4. 体验

竹林果园特色活动；乡村游览观光活动；特色游线体验。

（四）价格建议

1. 竹文化节

成人票价 120 元 / 人，亲子票（一大一小）180 元 / 户。

摆摊车租赁费 150 元 / 天，DIY 竹筒 25 元 / 个，DIY 书签 25 元 / 张。

农家乐自助厨房 150 元 / 家。

品竹会套餐 289 元 / 人。

竹子酒礼盒 199 元 / 份（6 瓶装）。

2. 蓝莓召集令

入园采摘押金 20 元 / 人，采摘蓝莓 10 元 / 斤。

蓝莓 IP 人物文创周边：20 ～ 100 元不等。

蓝莓柿染原材料：10 元 / 份。

乐园咖啡馆蓝莓甜品：30～60 元不等。

乐园 DIY 亲子吧台门票费亲子价：（一大一小）60 元 / 场。

安吉踏莎行民宿：683 元 / 晚（4 间）。

安吉军哥农庄：600 元 / 晚（4 间）。

乡旅 7 号：963 元 / 晚（6 间）。

安吉乡旅梦工厂民宿：1194 元 / 晚（17 间）。

攀山踏水响春底，研学品味中华鲟

——响春底村中华鲟鱼文化产业提升策划

选题来源： "建行裕农通杯"第五届浙江省大学生乡村振兴创意大赛—招标村—产业创意类

项目负责人： 浙江树人学院人文与外国语学院　2019级网络与新媒体专业　王燕勤

团队成员： 丁雨萱　陈嘉琦　洪　伟　吴　懿

指导教师： 叶　菁　华艳红

一、背景分析

（一）政策解读

1. 省级层面

（1）保护生态，生态本身就是经济

党的十九大将"绿水青山就是金山银山"理念写入党章，提出生态本身就是经济，保护生态，生态就会回馈你。

浙江省第十四次党代会报告指出，要按照把省域建成大景区的理念和目标，高标准建设美丽城市，深化美丽乡村建设，谋划实施"大花园"建设行动纲要，使山水和城乡融为一体，自然和文化相得益彰，支持衢州、丽水等生态功能区加快实现绿色崛起，把生态经济培育成发展的新引擎，提升发展乡村旅游、民宿经济。

（2）创建"大花园"，发展乡村经济

2021年5月18日下午，全省建设新时代美丽浙江暨中央生态环境保护督察整改工作推进大会在杭州召开，时任省委书记、省美丽浙江建设领导小组组长袁家军出席会议并讲话，他强调，要深入学习贯彻习近平生态文明思想，完整、准确、全面贯彻新发展理念，对美丽浙江建设进行系统性重塑，构建美丽浙江数字化综合应用系统，进一步拓宽"绿水青山就是金山银山"转化通道，加快探索以生态优先、绿色发展为导向的高质量发展新路子，以高水平的美丽浙江建设推动人与自然和谐共生的现代化。

2. 市级层面

（1）生态生活生产"三生叠加"

衢州市围绕"大花园"建设目标，先后出台了《衢州大花园建设行动纲要》《关于全面实施乡村振兴战略加快乡村大花园建设的指导意见》，尤其是在市委农村工作会议上提出，要坚持"整治＋提升"，以重构农民建房体系为"牛鼻子"，明确目标体系、打通工作体系、建立政策体系、重构责任体系，打造生态宜居的乡村大花园。

曾任衢州市委书记的徐文光表示，衢州着眼"全域提升、全境整洁、全民获益"，把农村作为一个大景区、大花园进行统筹规划，成就高标准的美丽乡村，彰显了衢州乡村大花园生态、生活、生产"三生叠加"，宜居、宜业、宜文、宜游"四宜兼具"的别样韵味和独特魅力。

（2）"产、村、人、文"融合发展

2018 年衢州市农村工作会议指出，实现乡村振兴战略，是新时代做好"三农"工作的新旗帜和总抓手，也是衢州加快发展、赶超发展的重大机遇。要牢固树立"产、村、人、文"融合发展理念，把产、村、人、文作为一个有机整体来谋划推进，最终实现景美、业兴、民富、人和。

（3）宜居宜业宜文宜游"四宜兼具"

充分彰显衢州乡村大花园生态、生活、生产"三生叠加"，宜居、宜业、宜文、宜游"四宜兼具"的别样韵味和独特魅力，打造生态宜居的乡村大花园。

为贯彻落实市委七届四次全会精神，加快建设"活力新衢州，美丽大花园"，进一步提升田园清洁化、生态化、景观化水平，全面加快现代农业发展步伐，特制定衢州市美丽田园建设实施方案。

3. 区级层面《衢州市柯城区乡村旅游发展总体规划（2015—2030 年）》

规划基于以上总体布局思路，以及柯城乡村旅游发展现状和资源分布，致力于空间重组、要素重置、产业重整、功能重构和线路贯通，全面构建"一心四带三片区"的乡村旅游格局，同时确立了柯城精品乡村旅游线路，重点培育七条精品乡村旅游路线，七里避暑养生之旅、九华山禅修之旅、农村庄园休闲之旅、绿道健身运动之旅、石室花海美食之旅、橘乡风情体验之旅、衢江风光观光之旅（水上游线）。

4. 乡级层面

在乡域空间总体框架下，综合考虑目前乡域村镇、产业空间的发展态势和各村潜在的发展优势，从乡域村镇群体空间组织形态出发，规划形成"一主、一副、两点、两轴、四片"的乡域体系空间布局结构。

一主：主中心石室乡集镇。

一副：副中心北部柯山社区。

两点：新东村、九龙村两个中心村。

两轴：沿石安线、石呈线的两条带状空间发展轴线。

四片：包括北部工业集中片、农林涵养片、东部生态保育及旅游发展片和南部生态保育及旅游发展片。

（二）规划解读——《柯城区石室乡响春底村规划》

1. 产旅融合，集聚提升——融合集聚

乡村特色鲟鱼产业与周边旅游业（中华鱼博园、石室鱼庄等）相融合，乡村、景区、城镇相协调，形成"大区小镇美景新村"的融合集聚发展模式，通过集聚发展构建专项旅游目的地，带动整体发展愿景的实现。

2. 提炼元素，包装品牌——文化引领

提炼响春底村特色山水文化、鲟鱼文化精髓，挖掘当地乡村文化特色，结合渔家乐、休闲观光、农家民宿等，构建衢州市最具特色的乡村特性和文化旅游品牌，引领乡村建设、旅游项目开发的传承与创新，如图 3-34 所示。

图 3-34　乡村文化特色

3.外联求发展，内优塑品牌——外联内优

外联：市域范围与鲟鱼产业交流形成互动，市域范围外与长三角地区进行互动交流。

内优：提炼自身技术形成产品标准，优化全产品产业链，并进行宣传推广。

保护—传承—创新—持续发展。

在美丽乡村建设、旅游开发、产业发展的同时保护好乡村优良的生态环境，传承响春底村丰富的历史文化和民俗文化，创新开发旅游资源，实现可持续发展。

二、基础调研

（一）区位概况

柯城区石室乡响春底村有 2 个自然村，6 个村民小组，254 户，人口为 756 人，土地面积为 2321 亩。响春底村位于衢州市中部，距离衢州市区约 14 公里，距衢州高铁站约 10 公里，15 分钟车程。响春底村位于柯城区南段，石室乡政府的西北面，距集镇 4 公里，其东临巨化生活区，西毗桥头村。村庄对外交通道路有 315 省道和溪黄线。

（二）自然资源分析

响春底村总体自然资源可分为一山一田二居二水，如图 3-35 所示。

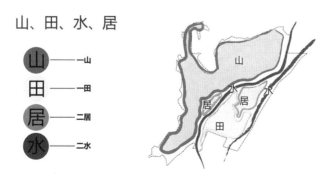

图 3-35　响春底村分布

1. 一山——鲟鱼山

村庄内 60% 为山体，林地面积约为 1.2 平方公里，山林植被茂盛，自然环境优越。山林中草药资源丰富，有灵芝、党参、白毛夏枯草、石斛等。鲟鱼山东侧山体为天然岩壁，是一处自然景观。

2. 一田——耕地田园

村庄南面为开阔的田园，耕地面积约为 23 公顷，地势平坦，水利灌溉方便，土地肥沃，主要以种植水稻、蔬菜为主。

3. 二居——居住园区

对外交通优势明显，村居配套设施、文化活动中心、文化礼堂、幸福食堂、便民小卖部等公共建筑已基本完善，村庄内还配备了自来水、生态污水处理池、配电房、电信箱、管道天然气、公共厕所、垃圾再生馆等基础设施，环境宜居。

4. 二水——江水支流

村庄临乌溪江而建，环境优美，乌溪江流水长年不断，拥有乌溪江优质的水资源。石室堰、乌溪江绕村而过，而石室堰常年溪水满流，水质优越，为鲟鱼养殖供水。乌溪江为衢江一级支流，江心湿地植物多样性丰富，自然景观优美。山中小水流、田园水渠、星点状的水塘与石室堰乌溪江构成了天然村庄水，如图 3-36 所示。

图 3-36　乌溪江畔及村内江水

（三）产业概况

1. 总体概况

2013 年，柯城区鲟鱼产量达 2260 吨，接待游客为 4.6 万人次，鱼子酱加工为 27.5 吨，出口为 23 吨，创汇为 1800 万美元，养殖产值为 3764 万元，为当地农民增收了 1000 余万元。2015 年，位于石室乡，占地近 200 亩，总投资 1.25 亿元的鲟鱼高新技术园也正式开工，这是目前我国最大的鲟鱼养殖基地，如图 3-37 所示。

图 3-37 鲟鱼养殖基地现状

2. 龙头渔家乐概况

响春底村的鲟鱼渔家乐占地为 15 亩，鲟鱼养殖面积为 7000 平方米。游客既能观赏、垂钓、休闲，还可以品尝"鲟鱼宴"。渔家乐 2/3 的员工来自本村，月工资 4000 ~ 6000 元，解决了村民的就业问题，如图 3-38 所示。

图 3-38 鲟鱼渔家乐

3. 当地鲟鱼龙头企业基本情况

"卡露伽"鱼子酱·衢州鲟龙水产食品科技开发有限公司，2009年9月11日成立（2020年上海、柯城两地成立分公司），经营范围包括其他水产加工品（水产调味品）生产；鲟鱼制品的批发及进出口（以上商品进出口不涉及国营贸易、进出口配额许可证、出口配额招标、出口许可证等专项管理的商品，涉及其他专项规定管理的商品按国家有关规定办理）；速冻食品（速冻其他类制品）生产；水产食品研发；冻鲟鱼（片）生产；皮革制品、皮具、农产品销售；食品经营；道路货物运输；水产养殖、销售；饲料销售。如图3-39所示。

图 3-39 "卡露伽"获得吉尼斯世界纪录称号

4. 主要客群

衢州及周边地区的年轻群体。

（四）基础配套设施

1. 餐饮配套

村里建设了极具特色的鲟鱼渔家馆1家，内有包厢20个，休闲长廊2条。餐饮服务产业如鲟鱼渔家乐、石室老鱼庄、实惠鱼庄农家乐、烂柯人家等。

2. 住宿配套

村内的民宿多以江景、鲟鱼为特色，因此吸引了大批游客和各大新闻媒体纷至沓来，2011 年被浙江省农业和农村工作办公室、浙江省旅游局命名为第五批"浙江省农家乐特色村（点）"，并 3 次登上中央电视台。村内住宿产业有江景民宿等。

3. 村内驻车

村内有停车场，现共有 808 余个车位。

4. 文化礼堂

已于 2020 年 5 月 21 日基本完工，未使用，如图 3-40 所示。

图 3-40　响春底村文化礼堂

5. 晒谷场及配套设施建设（暂未建成，施工工期 90 日历天）

衢州市柯城区石室乡响春底村股份经济合作社于 2022 年 5 月 24 日在柯城区公共资源交易中心（浮石路 188 号 4 楼）以公开招标方式确定柯城区石室乡响春底村晒谷场及配套设施建设项目的施工单位。

6. 游玩设施

拥有儿童乐园、观鱼台、休闲棋牌区、鲟鱼观赏区、鲟鱼认养区、亲子戏鲟鱼等游玩设施（鲟鱼渔家乐）。

（五）景观特色

1. 堤坝江景

响春底村临乌溪江而建，沿着村边向江边走去，观望乌溪江堤坝江景。清晨的江边气息沁人心脾，傍晚的江边景色波光粼粼，阴天的江边仙雾缭绕，如图 3-41 所示。

图 3-41　堤坝江景

2. 支流栈道

村落与山林之间，流淌着一条支流，溪流旁边正修葺一条沿江栈道，站在栈道旁便可感受一丝清凉，如图 3-42 所示。

图 3-42　支流栈道

3. 沿路墙绘

　　沿着村庄的主路，道路两旁有着墙绘的民房农房，给人焕然一新的感觉（见图 3-43）。但有些墙面并未完善，并且有些墙绘与"鲟鱼"没有直接联系，没有完全充斥"渔村"的元素，欠缺一些"中华鲟鱼第一村"的氛围感。

图 3-43　"渔村"元素

4. 村口雕塑

　　在村庄的入口处，有着一个典型的"中华鲟"雕塑建筑，路过的人们都会驻足合影打卡，如图 3-44 所示。

图 3-44　村口雕塑

5. 烂柯仙境

响春底村隶属于"烂柯山—乌溪江风景名胜风景区"范围，烂柯山作为省级风景名胜区，以我国东南丹霞地貌第一天生石梁和世界上最大围棋为主景，是一处集自然风貌、人文景观于一体、融山光水色于一炉的仙山琼阁，被道家誉为青霞第八洞天。烂柯仙境是融道、佛、儒于一体、独具特色的围棋仙地，历来为古今游者所向往，如图 3-45 所示。

图 3-45　烂柯仙境

6. 荆溪花海

在烂柯山脚下的另一边，有着"八卦阵"的荆溪花海（见图 3-46），有着马鞭草等各色鲜花，在花期旺盛之际，是旅客们拍照打卡的好去处。这个近在咫尺的"普罗旺斯"，繁星点点，吸引人们赴一场浪漫约会（见图 3-47）。

图 3-46 "八卦阵"花海

图 3-47 荆溪花海

（六）总结

1. 响春底村风景优美,生态资源丰富,村庄空间总体呈现"一山一田二居二水"的格局。

2. 村内产业目前以鲟鱼养殖业为主,内有国内第一鲟鱼养殖基地,鲟鱼产业发展态势良好,由于风景优美,发展潜力大,适合推进一、二、三产业的融合,以推动村内经济的进一步发展。

3. 村庄的基础设施相对丰富,已拓展出以鲟鱼渔家乐为主的旅游业产业,但发展仍有不足,如基础设施的不够完善、停车位缺乏等。

4. 文化宣传方面力度不够,不能很好地将村庄及内部的鲟鱼产业的知名度打开,无法吸引周边地区外的游客等问题。

三、中华鲟文化

（一）中华鲟基本概况

中华鲟古生物1.4亿年前,就与长江母亲河结下了古老的亲情。中华鲟曾是和恐龙并存的古生物种,江河巨变,自然沧桑,恐龙灭绝了,中华鲟却以强大的生命力延续下来,生存到了今天,成为我们研究古代地球变化的鱼类"活化石"。

中华鲟的形状非常奇特。它长着扫帚式的歪尾巴,身体像一把梭子,头呈长三角形,眼睛以前部分像扁平的犁状,略向上翘。嘴巴在头的腹面,成一条横裂,能够自由伸缩。嘴巴的前方并排长着4根小须。眼睛很小,眼后有喷水孔。幼体中华鲟的皮肤很光滑,没有鳞片。成年中华鲟有5行大的菱形骨板,全身骨骼为软骨质。头部和身体背部呈青灰色或灰褐色,腹部是灰白色。

中华鲟主要栖息在我国东海、黄海大陆架海域及长江、珠江、闽江、钱塘江、黄河一带。目前,黄河、钱塘江、闽江早已绝迹,珠江数量极少,仅长江现存一定数量。长江水系3种鲟鱼类分别是白鲟、中华鲟和达氏鲟。这3种鲟鱼为我国独有物种,均列入国家一级保护动物。专家研究发现,达氏鲟和中华鲟是鲟科鱼类中亲缘关系最近的两种。可能在较早的远古时代，由于长江不同地理位置的生态变迁，一部分中华鲟逐渐适应长江上游的生态环境而定居下来，或在历史的某一时期中华鲟的某一群体被阻隔在长江某一支流或附属水体而生存下来。从 DNA 分析推测，达氏鲟和中华鲟染色体数基本相同，在细胞进化上也处于同一层次。所以从理论上讲，中华鲟和达氏鲟人工杂交的后代不仅可以成活，而且是可育的。这一结论为未来的中华鲟保护打开了新的空间。

中华鲟是一种大型溯河产卵洄游性鱼类，是世界上现存 27 种鲟鱼中分布纬度最低的种类，主要分布在东南沿海大陆架水域和长江中下游干流。中华鲟曾分布在中国近海以及流入其中的大型河流，包括长江、珠江等。专家推测，中华鲟生活史的 90% ～ 95% 是在海洋中完成的，我们目前所窥也只是冰山一角。不管是在上游的中华鲟产卵场，还是在长江口的海淡交汇处，我们所知的自然秘密还很有限。

1989 年，《中华人民共和国野生动物保护法》颁布实施，中华鲟作为国家一级保护动物被列入《国家重点保护野生动物名录》。1997 年，中华鲟被列为濒危野生动植物国际贸易公约附录Ⅱ保护物种，2010 年，被世界自然保护联盟（IUCN）升级为极危级（CR）保护物种。

（二）中华鲟是活化石

中华鲟是世界仅存的鲟属鱼类之首，也是我国一级野生保护动物。在全球现存的 27 种鲟鱼中，它是生长最快，个体最大的珍稀鱼类。我国历史上很早就有关于中华鲟的记载。《诗经》《吕氏春秋》《本草纲目》等文献里，对它有不同的称呼。作为地球上最古老的脊椎动物之一，中华鲟在研究生物进化、地质、海貌、海退等方面具有重要的科学价值和难以估量的生态、社会、经济价值。

（三）鲟鱼的药食文化

鲟鱼味道鲜美，肉厚刺少，其蛋白含量高达 18%，营养价值较高。在我国古代早就有"龙的化身为鲟龙鱼的顿悟"一说。陈献章《南归寄乡旧》诗："生酒鲟鱼会，边炉蚬子羹"。唐宋迄于明清都是长江沿岸著名的食品，江苏历来称鳠、枪（白鲟）、鮰（长吻鮠）和甲（中华鲟）列为四大名鱼。现今，因其肉质优于名贵的三文鱼，制作的生鱼片口感鲜、嫩、脆、滑、爽；其软骨（鲟龙鱼通体软骨）、皮、鳍、肝、肠等至少可烹制成 30 余道美味菜肴。除了常规的生吃、蒸煮，鲟鱼加工成的烤鱼片、酱鱼肝也备受人们青睐。

鱼子酱与鹅肝、松露并称为"世界三大美食"，素有"黑色黄金"之称，畅销欧美等十多个国家和地区。鲟鱼类食物受古人喜爱。如陆玑《诗经·卫风·硕人》疏："（鳇即鲟）大者千余斤，可蒸为臛，又可作炸，鱼籽可为酱。"《本草纲目·鳇鱼》云："其脂与肉层层相间、肉色白、脂色黄如蜡。其脊骨及鼻，并鳍与鳃，皆脆软可食。其肚及仔盐藏亦佳。其鳔亦可作胶。其肉骨煮炙及煎炸皆美。"当今国际上享有盛誉的鱼子酱在欧美是国宴珍品，素有"绿宝石"之称。鲟熏制肉、鲜肉、鱼胶等畅销不衰，供不应求。在我国古代早已享誉大江南北。

鲟鱼类在古代已作药用。《本草纲目·鳇鱼》记载："其肝主治恶疮疥癣，勿以盐炙食"，又在"鲟鱼"条下引述云："其肉补虚益气，强身健体，煮汁饮，治血淋；其鼻肉作脯补虚下气；其籽如小豆，食之健美，杀腹内小虫。"

鲟鱼的营养药用价值很高。其氨基酸和不饱和脂肪酸含量为鱼类之冠，蛋白质含量高达 18.6%，脂肪中的 DHA 和 EPA（俗称脑黄金）含量高达 12.5%，对软化心脑血管、促进大脑发育和防止老年痴呆，均有显著功效。鲟肝久煮不硬，越煮越嫩。鲟头、鲟鳔、鲟血、鲟骨和鲟脊索，有抗癌和增强免疫的功效。

据中国科学院海洋所检测：肌肉含有十多种人体必需的氨基酸，脂肪含有 12.5% 的 DHA 和 EPA（亦称脑黄金），对软化心脑血管，促进大脑发育，提高智商，预防老年性痴呆具有良好的功效；软骨和骨髓（俗称"龙筋"）有抗癌因子，可完全直接食用，素有"鲨鱼翅，鲟鱼骨"之说。

中华鲟是历史悠久的名贵鱼种，在古代一直作为进奉皇上的贡品，俗称"皇鱼"。它浑身是宝，皮能制革，也能熬胶或食用，鱼肉更是鲜嫩肥美，最为名贵的是鱼子，它含有 17 种氨基酸，营养丰富，是养生佳品，被誉为"黑色黄金"。据出土青铜器《兮甲盘》上铭文的记载，周宣王五年（公元前 823 年），周师大举出动，于今陕西白水县境内的彭衙迎击入侵的猃狁部落。凯旋后，大将尹吉甫私宴张仲及其他友人，主菜就是烧甲鱼加生鱼片。

（四）响春底鲟鱼文化

1. 引进鲟鱼

鲟鱼是国家保护动物，得到国家的允许后，衢州鲟龙水产食品科技开发有限公司的开发者作为中国海洋研究院的一员，开始对鲟鱼进行驯养，在全国各地适合养殖鲟鱼的地方开设养殖基地。而千岛湖鲟鱼养殖基地则是他们离开北京后开设的第一个基地，之后，经过衢州当地多次与他们交流考察，选定响春底村进行试养，如图 3-48 所示。

图 3-48　鲟鱼驯养基地

经过十年的养殖，发现这里确实比较适合鲟鱼的生长。尤其是 3～5 斤以下的小鲟鱼，在水温超过 25℃之后就决死不吃，而响春底村水资源丰富，水温也常年在 12～20℃，这种天然的冷水适合鲟鱼这种冷水性的鱼生长。所以在响春底建设的养殖池（20X20 或者 10X10 深度大约 1.2 米的圆形池）面积一开始只有 200～300 亩。现在试养成功之后，进行扩展，在响春底的乌溪江另一边扩展了 600 亩，在石室乡还有将近 1000 亩鲟鱼养殖基地，是亚洲最大的鲟鱼养殖基地。

2. 鲟鱼衍生产品

（1）鲟鱼子酱

鲟鱼子酱有"软黄金"之称，是西方人珍爱的食品，国际上每公斤卖到 5000 欧元。受疫情的影响，生产出的鱼子酱主要是由出口转内销，基本上国内 80% 的鱼子酱来自"卡露伽"鱼子酱。响春底村则被称为"鱼子酱之乡"。

（2）鱼子酱化妆品（莱伯妮 LA PRAIRIE）

莱珀妮（LA PRAIRIE）起源于瑞士，铸就于世传颂的高奢护肤殿堂。赋予女性掌控光阴流转，奢享恒久之美。莱珀妮始终传承对艺术传统和创新的精神，将瑞士精准、科学的创新与臻罕成分融入驻颜体验和奢华享受中。

鱼子精华系列产品有：鱼子精华琼贵紧颜液、鱼子精华眼部紧颜液、鱼子精华琼贵紧致眼霜、鱼子精华琼贵丰盈面霜。

四、产业发展与提升

（一）第一产业内部有机融合

响春底村临乌溪江而建，环境优美，乌溪江流水长年不断，拥有乌溪江优质的水资源，土地面积为 2321 亩。村庄南面有耕地面积约为 23 公顷的田园。地势平坦，水利灌溉方便，土壤肥沃，主要以种植水稻、蔬菜为主。同时，依托乌溪江优质水资源发展鲟鱼养殖产业。但农业、养殖业生产较为独立单一，经济效益难以持续提升，成为响春底村第一产业升级发展面临的困境。因此，为缓解这些困境，提出以下解决策略。

1. 农业内部有机融合

通过农业内部有机融合，即以农渔结合、农林结合、循环发展为导向，调整优化农业种植养殖结构，加快发展生态农业，实现经济效益和生态保护、产业发展和农民增收相统一的模式。

2. 整合现有资源，综合发展

通过利用现有的农田资源，打造稻鱼共生的生产模式，发展乡村休闲旅游。打造起一个稻鱼共生为主的现代化农业，带动产业发展及拓宽农民收入来源。同时建立共享农场、大棚采摘、鲟鱼产业园；并结合山林，打造中草药种植等产业项目。

3. 打造标准化"综合体"品牌

建立健全标准体系，并进行认证。为消费者提供绿色、优质、安全的农产品、渔业产品。支持农场与鲟鱼养殖基地建立物联网系统和可视化监控系统，实行全程可视化生产，构建农产品与渔业产品可视可溯技术的食品安全体系。

（二）第二产业发展模式

响春底村的鲟鱼产业初具雏形，目前拥有我国最大的鲟鱼养殖基地，也有如"卡露伽"鱼子酱·衢州鲟龙水产食品科技开发有限公司等业内龙头企业。基于此发展第二产业的措施如下。

1. 产业链延伸融合模式

响春底村采用后向延伸融合。以鲟鱼养殖为基础，向产后加工、流通、餐饮等环节延伸，大力发展二、三产业。响春底村依托乌溪江优质的水资源大力发展鲟鱼养殖，并鼓励民间资本进入鲟鱼加工及餐饮领域带动全产业不断升级发展，逐步推动生产养殖、加工流通、餐饮旅游等融合发展，形成相对成熟且具有一定的生产规模和市场规模的发展模式；同时又将鲟鱼产业、乡村旅游和自然生态相融合，发展渔业美食餐饮、鲟鱼垂钓、休闲观光等休闲场所，拓展渔文化内容，促进一、二、三产业融合发展。

2. 依托"龙头"兴产业·促发展

一是突出引领带动，坚持"一强多优，短中长并举"的农业发展模式，不断强化衢州鲟龙水产食品科技开发有限公司龙头引领、合作带动作用；二是强化利益联结，采取"党支部＋龙头企业＋合作社"等模式，让产业成果惠及更多普通群众，共赴共富之路。

（三）第三产业发展提升

1. 核心目标

通过三产融合以及中华鲟文化的传播来打造"中华鲟鱼第一村"。同时围绕四大特色资源，打造观光休闲文化为一体的慢生活乡村。

2. 主要问题

（1）村内停车位不足，需要扩建。

（2）村庄仍存在一些土路、泥路、断头路等，道路设施不够完善，不够美观。

（3）鲟鱼文化宣传方面力度不够。

（4）村庄发展规划不够整体，未成体系。

（5）衣食住行游等文旅配套设施不完善。

3. 实施建议

（1）整村综合开发模式，加强基础设施建设

对整村进行统一规划、统一建设，改造民房庭院，发展农家餐饮、民宿、鲟鱼文化空间等其他设施；全面提升全村旅游功能，完善全村及周边的道路、景观、厕所、停车场、污水处理、标识标牌等设施，实现景区化。

（2）专属IP动漫形象，加强品牌形象建设与宣传

设置鲟鱼IP形象。并以此衍生出相应的文创产品，并通过"两微一抖"等多个具有社交属性的平台以动漫人物形象进行宣传，打响"中华鲟鱼文化第一村"的文旅IP。

（3）景观上可加强创意景观和互动景观

增强响春底村公共文化空间的互动性，因地制宜建设鲟鱼文化打卡地标。

（4）乡村文化节助力中华鲟鱼第一村提质

通过"鱼乐度国庆·鲟味响春底"首届鲟鱼文化节、"潮玩元旦·喜迎新年"——年年有"鱼"年货节、"鲟找自我·放飞梦想"亲子风筝等活动形成响春底村文化节日体系，助推中华鲟鱼第一村提质。

（5）推进鲟鱼文化及产业发展的学术化

定期召开亚洲鲟鱼产业发展论坛，吸引企业、媒体、产业协会入驻响春底村，拉动产业发展。

五、文化产业提升应用

响春底村文旅发展紧紧抓住五大核心要素，确立以"中华鲟鱼第一村"的主题定位，在确定主题定位下，不论是园林景观、文化活动、品牌形象都围绕主题定位去营造氛围。与此同时，不论更新迭代体验式业态布局，以特色餐饮和文创零售为基础业态，构建体验式文旅商业。贯彻"用体验做吸引，用商业去做延伸"的经营理念。通过业态端、产业端、运营端、内容端四个维度打造全新的生活方式。

（一）文旅品牌定位

1. 品牌发展目标

成为中华鲟鱼第一村。

2. 品牌 IP 形象

该品牌 IP 形象以响春底村特色——中华鲟的造型为主要样式。以蓝色为该 IP 形象的造型颜色，突出鲟鱼生活的水质要求高，也从侧面体现出响春底村的水清而品质好；同时蓝色给人以一种亲切、可爱的感觉，使得该 IP 形象更受喜爱与欢迎。整一个 IP 形象以呆萌的表情出现，放大了鲟鱼本身的自在而悠闲、与世无争的形象特点。

该 IP 形象取名为响响，取自响春底村的村名第一个字，同时寓意着打响响春底村"中华鲟鱼第一村"的品牌，如图 3-49 所示。

图 3-49   "响响"IP 形象设计

3. 品牌宣传口号

品牌宣传口号为："攀山踏水响春底，研学品味中华鲟"。

解读：响春底村是一个有山有水的村庄，自然环境优美，拥有天然的自然优势。通过设施的增设，可将响春底村建设成拥有多种类型娱乐设施（山上项目、水上项目等）的休闲娱乐村庄。同时中华鲟作为响春底村最大的特色，其自身的历史等文化为响春底村品牌打造附加了研学价值。结合响春底村又能游山又能玩水的特点，提出口号"攀山踏水响春底"；结合响春底村另一特色及发展特点——研学中华鲟，提出口号"研学品味中华鲟"。

（二）乡村形象设计

1. 景观建筑

打造统一的乡村旅游景观空间，围绕鲟鱼文化体系，改造村内主要建筑物、沿江绿道等，通过公共设施、基础设施、建筑外观等一系列的改造，体现出鲟鱼文化特色，如图 3-50 所示。

图 3-50　景观建筑设计

2. 艺术雕塑

增添大型公共艺术标志物，旨在营造交相融合的肌理风貌和氛围营造，围绕鲟鱼主题打造艺术雕塑，如图 3-51 所示。

图 3-51　艺术雕塑设计

3. 文化小品

打造小型美学产品，植入鲟鱼文化，提升村庄的"中华鲟"基调文化氛围。

（1）公共设施

在一些公共设施上放入鲟鱼图像（见图 3-52）。

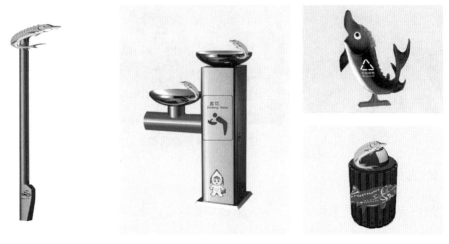

图 3-52　公共设施设计

（2）休息长椅

在公共设施上植入鲟鱼元素（见图 3-53）。

图 3-53　休息长椅设计

（三）文旅产业体系

着力于吃住游购赏五个维度的建构，达到人和景产生互动、人和商业产生互动，形成让游客和游客产生互动的体验式文旅产业体系。

1. 非比"鲟"尝（吃）

鲟鱼全身都是宝，其肉鲜嫩味美，许多脏器都有一定的药效或美容保健功能，渔家乐可提供各式鲟鱼菜单，供游客品尝鲟味。

（1）"鲟"福到

鸿运当头（用作鲟鱼骨类菜品）；

一帆风顺（用作鲟鱼筋、骨、尾类菜品）；

红运平安（用作汤底为红色的鲟鱼类菜品）；

精益求精（用作清蒸鲟鱼类菜品）；

唇齿相依（用作鲟鱼唇类菜品）；

年年有余（用作红烧鲟鱼类菜品）；

财源滚滚（用作鲟鱼肉小丸子类菜品）；

招财进宝（用作鲟鱼籽类菜品）。

（2）"鲟"辣味

绝代双娇（酸辣剁椒味鲟鱼）；

百媚千红（麻辣剁椒味鲟鱼）；

吉祥三宝（酸辣海鲜味鲟鱼）；

青龙过海（汤类鲟鱼）；

炙烤大地（烤鱼味鲟鱼）。

（3）"鲟"千年

邵伯焖鱼（清代宫廷菜）；

鱼跃龙门（糖醋鲟鱼）；

龙舟活鱼（整条烹制，形似龙舟，乾隆赐名）；

羊方藏鱼（中国传统古典菜第一名菜，有 4300 年历史）；

玉质龙筋（御菜中的极品）。

2. 与"鲟"同住（住）

（1）"鲟"梦环游记（亲子系列）

亲子系列房间以卡通鲟鱼形象为主设计，搭配以鲟鱼造型儿童床、鲟鱼墙绘及鲟鱼地毯等装饰品，如图 3-54 所示。

图 3-54　"鲟"梦环游记民宿设计

（2）寻鲟遇裕屋（休闲系列）

打造乡野露营区，提供帐篷、天幕、草坪、秋千、沙坑、露天电影等配套设施以及鲟鱼烧烤套餐。开设极限飞盘体验、"鲟鱼"风筝体验、潮流机车体验等拓展项目，如图 3-55 所示。

图 3-55　寻鲟遇裕屋民宿设计

（3）桃花源民居（亲友系列）

打造乡野纯粹的自然气息，提供茶室、开放式厨房、家庭影院、壁炉、户外篝火等服务，如图 3-56 所示。

图 3-56　桃花源民居民宿设计

3. "鲟"游四海（游）

（1）鲟鱼会客厅

打造以鲟鱼为主题的乡村会客厅，其包含鲟鱼科普区、鲟鱼手作区、鲟鱼文创区、会客休息区，如图 3-57 所示。

图 3-57　鲟鱼会客厅功能分区

◎ 鲟鱼科普区

以鲟鱼养殖为主线，分为前中后期展示鲟鱼从古代至今地位价值。

前期——展示古生物历史；

中期——展示历史文化及传统美食地位；

后期——关注鱼子酱以及新产业及衍生产品。

◎ 鲟鱼手作区

鱼拓——非遗体验

早在宋朝，文人墨客在垂钓之余用墨汁或颜料将所钓之鱼拓印到纸上，用来记录实际尺寸并保留纪念。鱼拓画不仅可以记录和展示不同种类鱼的身长、形状、颜色等体表特征，还可以结合诗书画印成为艺术品。

陶艺工作坊

通过揉、捏、拍、打、团、磨制作鱼类陶艺作品。

◎ 鲟鱼文创区

主要销售鲟鱼周边产品，如图 3-58 所示。

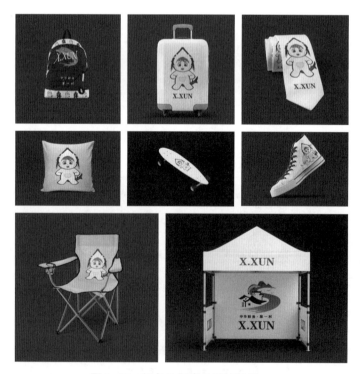

图 3-58　鲟鱼文创产品设计效果

◎ 会客休息区

主要用于来客休息等待。

（2）鲟鱼乐园

◎ 浑水摸鱼

脱掉鞋袜，光着脚丫，提着小桶，与大自然亲密接触，在软软的泥土和绿油油的稻田里找寻儿时的童趣，体验在城市中感受不到的欢乐。

◎ 童年游园会

签到区——定制鲟鱼造型印章，盖章签到；

游戏区——设置扔沙包、滚铁环、套圈、跳房子等游戏；

手绘区——鱼类主题绘画；

童年小卖铺——售卖长鼻王、麦丽素、大白兔等童年食品。

◎ FUN 飞鲟鱼

设计鲟鱼巨型风筝，身处蓝天草地、感受微风拂面，或于河边驻足，看巨型风筝翱翔蓝天。

◎ 户外拓展

趣味攀岩、百米滑索：游客毅力和意志的考验，提高协调能力。

4. 载"鲟"而归（购）

把"鲟"带回家特产销售商店

销售鱼子酱、鲟鱼干及系列礼品等商品。

◎ 鱼子酱、鲟鱼干；

◎ 系列礼品

——"中华鲟"礼品系列

内含文化衫、绘画本、雨伞、拼图、鼠标垫等，适用于大多数人群，如图 3-59 所示。

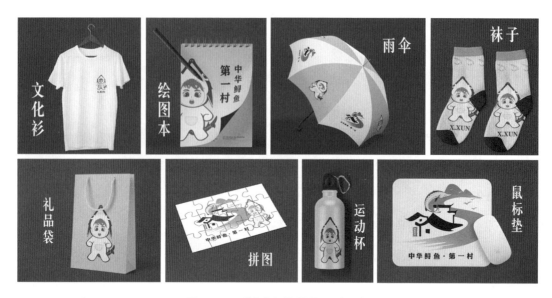

图 3-59   "中华鲟"礼品系列设计

——城市礼品系列

内含别针、折扇、书签、台历、马克杯等，多用作城市宣传纪念，适用于外乡人群，如图 3-60 所示。

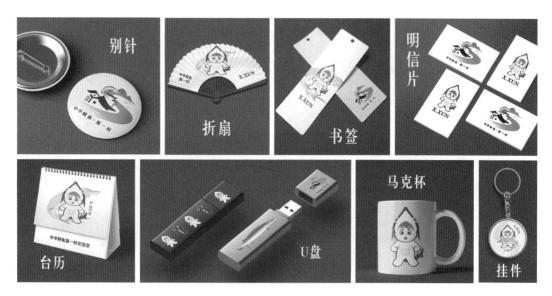

图 3-60   城市礼品系列设计

——旅游礼品系列

内含帆布袋、运动杯、雨伞、镜子、棒球帽等，适用于游玩旅客人群，如图 3-61 所示。

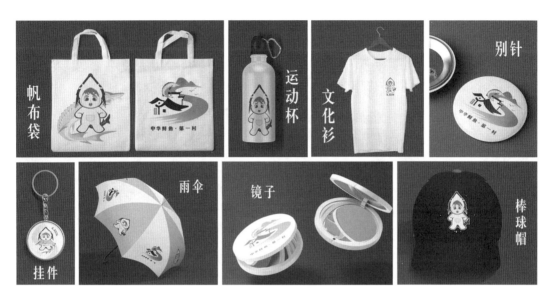

图 3-61　旅游礼品系列设计

——亲子礼品系列

内含拼图、纪念手环、绘图本、滑板、明信片等，适用于家庭亲子人群，如图 3-62 所示。

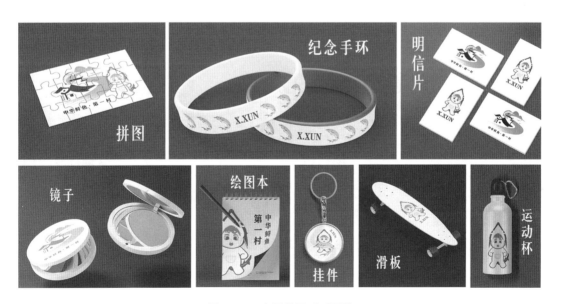

图 3-62　亲子礼品系列设计

——商务礼品系列

内含 U 盘、眼罩、鼠标垫、台历、手机壳等，适用于商务人群，如图 3-63 所示。

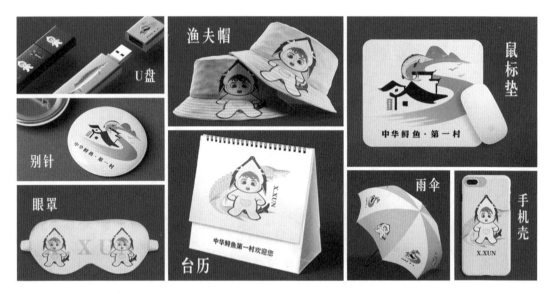

图 3-63　商务礼品系列设计

5. 赏"鲟"悦目（赏）

设置丰富的体验设施及景点，打造"网红"产品。

（1）向鲟之旅展览

设计鲟鱼文化打卡区，并结合 VR 技术，模拟水下与鲟鱼同游，如图 3-64 所示。

图 3-64　鲟鱼文化打卡区

（2）鲟鱼环游小车

定制鲟鱼造型模型车打卡点，供游客展览拍照，如图 3-65 所示。

图 3-65　鲟鱼环游小车

（3）鲟鱼玻璃栈道

以鲟鱼大小依次排列，走玻璃栈道可观赏鲟鱼一生，如图 3-66 所示。

图 3-66　鲟鱼玻璃栈道

（4）鲟鱼沉浸剧场

以鲟鱼为主题，打造别具一格的全景沉浸式的演艺活动，把整个商业街区作为舞台，让客户、业主、员工、游客都参与到演出中。

（四）文旅活动体系

根据不同的活动类型（会议型、赛事型等）设计六大活动，即"一会一赛一节一日一集一公益"，旨在突出响春底村的"欣赏其山水佳景、品读其研学底蕴"之主题。

活动构想总览表如表 3-1 所示。

表 3-1　文旅活动安排情况

活动类型	节庆活动	活动时间
交流会	"鲟鱼保护日"论坛交流会	3 月 28 日
大型赛事	"保护中华鲟"主题创意新媒体大赛	5 月 1 日—5 月 31 日
品牌文化节	"鱼乐度国庆·鲟味响春底"首届鲟鱼文化节	10 月 1 日—10 月 6 日
党员活动日	"基地互动·共商鲟鱼生长保护"主题党员活动	7 月 1 日
鲟鱼年货集	"潮玩元旦·喜迎新年"——年年有"鱼"年货市集	1 月 1 日—1 月 3 日
公益活动	"青年与鲟鱼"主题公益活动	11 月 10 日（世界青年节）

1. 一会：第三届"鲟鱼保护日"论坛交流会

（1）会议时间

3 月 28 日

（2）会议目的

保护中华鲟。了解中华鲟在衢州响春底村的养殖生存情况，并为野生中华鲟的生存进行知识普及与保护中华鲟的意识宣传，也为响春底村的"中华鲟与第一村"品牌进行宣传。

（3）邀请对象

中国水产科学研究院、湖北省长江生态保护基金会等权威性组织机构成员。

（4）会议形式

以座谈会的形式交流探讨中华鲟鱼的生存、养殖等鲟鱼知识。

（5）会议地点

村口文化礼堂。

（6）会议方式及流程

◎ 论坛交流会启动仪式

嘉宾及主办方成员签到，介绍嘉宾并由主办方代表人致辞以宣布论坛交流会开始。

◎ 议题交流及圆桌讨论

嘉宾展示：由嘉宾向村庄介绍中华鲟鱼的生存情况、养殖技术等鲟鱼专业知识，让村庄更好地了解中华鲟鱼的专业知识。

主干自述：由当地论坛主干人员向邀请嘉宾讲述村庄内部对于鲟鱼养殖的情况、鲟鱼相关产业的发展情况等。

问答谈话：以问答形式向中国水产科学研究院院士、浙江省长江生态保护基金会组织成员等专业人士了解中华鲟鱼专业养殖知识。学习如何人工养殖并保护中华鲟鱼相关方法经验。

◎ 论坛交流会结束仪式

嘉宾发言致辞，并由主办方代表总结致辞以宣布论坛交流会结束。

（7）会议宣传

◎ 前期准备宣传

线上：进行微信公众号的推文宣传；微博、今日头条的图文结合宣传会议的即将召开。

线下：设置公告、布置场景以示欢迎会议成员到来。

◎ 活动后续宣传

微信公众号的总结性推文宣传；微博、今日头条的图文结合进行总结性文章发布。

（8）会议意义

此会议是学术类活动的代表，举办该会议，可加强与权威组织的沟通交流，加强自身学术专业性，从而增强了响春底村"中华鲟鱼第一村"的品牌权威性。

2. 一赛："保护中华鲟"主题创意新媒体大赛

（1）大赛要求

中华鲟也被叫作鳇鱼、鲟鲨，是中国一级重点保护野生动物。中华鲟是地球上最古老的脊椎动物，是鱼类的共同祖先——古棘鱼的后裔，距今有 1.4 亿年的历史，被称为水生物中的活化石。但由于种种原因，这一珍稀动物已濒临灭绝。保护和拯救这一珍稀濒危的"活化石"对发展和合理开发利用野生动物资源、维护生态平衡，都有深远意义，故而也有"水中大熊猫"之称。请你以"保护中华鲟"为主题，以短视频、公众号、摄影任意一种形式创意制作作品。

（2）大赛主题

保护中华鲟。

（3）参赛对象

以个人或团队的形式递交参赛作品。

（4）赛程设置

报名阶段：5月1日—5月10日。

参赛作品提交阶段：5月12日—5月20日。

参赛作品评选阶段：5月21日—5月31日。

具体说明：本次作品评选于响春底村官方公众号进行。严禁违规投票，一经发现违规行为，将取消参赛选手参赛资格，作品视为无效。

颁奖时间：6月上旬，详见公众号。

参赛费用：49元/人。

（5）奖项设置

奖项类别及奖金设置，见表3-2。

表3-2　奖项设置情况

参赛组别	奖项设置	奖金设置
短视频类	一等奖（前5%）	5000元
	二等奖（前15%）	3500元
	三等奖（前30%）	1500元
公众号类	一等奖（前5%）	5000元
	二等奖（前15%）	3500元
	三等奖（前30%）	1500元
摄影类	一等奖（前5%）	5000元
	二等奖（前15%）	3500元
	三等奖（前30%）	1500元

除奖金奖励，获得以上奖项均可得电子版及纸质版获奖证书。

（6）参赛须知

参赛人员均须如实填写报名表。

每个参赛作品的设计制作团队人数不超过 3 人。

每个参赛人员只能参与一部作品的设计与制作。

（7）参赛作品主题说明

参赛作品的主题鲜明，内容积极，不涉及违反国家相关法律、法规的内容。

参赛作品的主题由主办方指定，由参赛选手围绕比赛主题进行策划和创意。

所有作品均要求为原创，不得抄袭，一经发现抄袭行为，将取消参赛选手参赛资格，作品视为无效。

（8）参赛作品要求

所有参赛作品均须在大赛规定的时间范围内提交。

摄影组：一份作品包含不超过 3 张摄影图片，并配 300 字以内文案进行说明。

公众号组：一份作品提交 1 篇完整的公众号文章的截图，图片一定要清晰，内容必须完整，并配 300 字以内文案进行说明。

短视频组：一份作品只需提交一段完整创作的视频，视频内容必须原创，不得太过于娱乐化或出现低俗内容，时长不超过 2 分钟，并配 300 字以内文案进行说明。

（9）活动宣传

◎ 前期准备宣传

线上：主要以微信公众号推文的形式进行大赛的预热与宣传。以微博、小红书、今日头条等账号进行大赛的赛事说明传播（以图文形式即可）；

线下：与学校、公司合作进行赛事的推广。

◎ 活动期间宣传

及时跟进微信公众号推文和微博等账号的大赛动态。

◎ 活动后续宣传

微信公众号、微博、今日头条等账号的获奖名单公示推文的发布；大赛获奖选手的感受专题跟进。

（10）活动意义

以"保护中华鲟"为主题的赛事活动，除了直接传播该赛事以增强保护中华鲟的主题意识，还间接地宣传了响春底村的中华鲟文化，加强对响春底村"中华鲟与第一村"品牌研学方面的打造。

3. 一节："鱼乐度国庆·鲟味响春底"首届鲟鱼文化节

（1）活动时间

10月1日—10月7日。

（2）活动目的

在玩中学，在学中乐。通过开展以鲟鱼为主题的一系列活动，让游客在玩中学习鲟鱼以及"中华鲟鱼第一村"的相关文化知识。

（3）活动项目设置及相关流程

◎ 活动项目一：首届鲟鱼文化节开幕仪式

活动时间：10月1日9:00—11:00。

活动场地：村口文化广场。

活动流程：

热场表演（唱歌、跳舞、玩偶走秀等节目）；

表彰村里优秀人物；

介绍活动项目内容；

村书记讲话并宣布开幕。

◎ 活动项目二："鲟裕"知史

活动时间：10月1日8:00—10月5日17:00。

活动内容：

——向鲟之旅展览

活动目的：结合VR技术，模拟水下与鲟鱼同游，让游客身临其境进入鲟鱼的世界，激发游客对鲟鱼的兴趣与喜爱，同时为游客提供鲟鱼科普知识。

活动地点：中华鲟文化展览馆。

开放时间：10月1日8:00—10月3日20:00。

——鲟裕之途陈列展

活动目的：了解鲟鱼从古到今各时期的知识，探索村庄一路走来的点点滴滴。

活动地点：鲟鱼会客厅。

开放时间：10月1日8:00—10月3日20:00。

——鱼乐闹市

活动目的：售卖当地鲟鱼文化节限定特色文创产品留作纪念。

活动地点：村口文化礼堂。

开放时间：10月1日10:00—10月5日17:00。

◎ 活动项目三："鲟宝"打卡项目

活动时间：10月3日8:00—10月5日17:00。

活动规则：领取打卡任务卡，在中华鲟文化展览馆、"鱼"文化体验区等场地完成任务并获得相应数量中华鲟章印，并以不同中华鲟章印的数量换取不同礼品。

活动内容：具体活动内容如表3-3所示。

表3-3　打卡相关情况

打卡项目	打卡点位置	打卡规则	章印数		备注
拾鲟之路	墙绘美化路	共10题，以答对题目数量为准	答对7题及以上	获得3个中华鲟章印	题目均与鲟鱼科普知识、乡村富裕之路知识相关；此打卡点仅打卡1次，至多盖章3个
			答对4～6题	获得2个中华鲟章印	
			答对1～3题	获得1个中华鲟章印	
我与鲟	村口鲟鱼标志物	拍照打卡并带指定话题发布抖音或小红书	完成任务即可获得1个中华鲟章印		此打卡点仅打卡1次
鲟鱼山攀高	鲟鱼山攀岩处	6位成人为一组进行攀岩比赛；以不同的小组名次为依据获得中华鲟章印	第一名	获得3个中华鲟章印	此打卡点仅打卡1次
			第二、第三名	获得2个中华鲟章印	
			第四至第六名	获得1个中华鲟章印	

续表

打卡项目	打卡点位置	打卡规则	章印数		备注
亲近大鲟鱼		与大鲟鱼拍照并带指定话题发布朋友圈	完成任务即可获得1个中华鲟章印		此打卡点仅打卡1次
抓抓乐	"鱼"文化体验区	以6人为一组，限时1分钟，进行"抓抓乐"比赛。以抓到的鱼的数量为评价胜负标准	第一名	获得3个中华鲟章印	此打卡点仅打卡1次
			第二、第三名	获得2个中华鲟章印	
			第四至第六名	获得1个中华鲟章印	
大脚板大挑战	景观堰坝	穿上鲟鱼样式大脚板顺利通过路段	完成任务即可获得1个中华鲟章印		此打卡点仅打卡1次
美景知多少	中华鲟湿地公园	找寻抽签标示的指定景观并进行拍照	认证通过后可获得1个中华鲟章印		此打卡点仅打卡1次
水上鲟踪	水上项目（湿地公园至水运码头处）	以竹筏漂流或木匠划船方式顺利通行	顺利通行后即可获得1个中华鲟章印		此打卡点仅打卡1次
我为鲟鱼制新衣	"中华鲟"主题民宿（乌溪江岸）	体验为鲟鱼玩偶制作新衣	制作完成后即可获得1个中华鲟章印		此打卡点仅打卡1次
开心鲟车	稻田水车	拍照打卡并带指定话题发布微博	完成任务即可获得1个中华鲟章印		此打卡点仅打卡1次

奖项设置：如表3-4所示。

表3-4　奖品设置情况

集章数量	奖品设置
14～16个	一等奖：认养专属鲟鱼1年体验券（价值1200元）
10～13个	二等奖："中华鲟"文创大礼包（礼品袋、运动杯、绘图本、文化衫等）
6～9个	三等奖：鱼子酱代金券
2～5个	参与奖：IP形象公仔

◎ 活动项目四：闭幕式暨颁奖典礼

活动时间：10 月 6 日 9:00—11:00。

活动场地：村口文化广场（村口文化礼堂门口或内部）。

活动流程：

热场表演（唱歌、跳舞、魔术等节目）；

颁奖活动；

村书记发言并宣布顺利闭幕。

（4）活动宣传

◎ 前期准备宣传

线上：制作风景类、游玩类、活动介绍类等宣传短视频投放各大平台，通过官方微信公众号发文等进行包括活动地点、时间等内容的预告宣传。

线下：制作相关海报张贴到商场等人流量大的地点；投放宣传短视频至商场等人流大的 LED 屏中播放；发放宣传传单；制作地推产品进行推广。

◎ 宣传海报

宣传海报如图 3-67 所示。

图 3-67　鲟鱼文化节海报

◎ 活动期间宣传

实时直播：对活动重要环节例如开幕式、闭幕式进行实时的平台直播，可在直播间进行抽奖等互动活动，增加鲟鱼文化节的热度。

快剪视频：每日尽可能快且多地将活动环节的搞笑片段、娱乐环节等精彩瞬间剪辑成短视频在短视频社交平台上发布。

精彩图集：尽快整理好精彩瞬间的图集、视频发布于微博账号，吸引年轻人的关注。

日结推文：每天活动结束后均需要制作公众号推文，主题为一日活动的总结及对活动后续的邀请。

短视频方案：活动环节的搞笑片段、娱乐环节等精彩瞬间剪辑成卡点音乐短视频或搞笑娱乐类短视频，以此营造娱乐轻松的休闲氛围，吸引游客。

◎ 活动后续宣传

混剪视频：在各大社交平台上发布活动精彩内容剪辑视频。

活动总推文：在微信公众号发布活动总结、游客感受等内容的推文进行宣传。

精彩集锦：微博以图文结合、视频形式发布活动精彩瞬间集锦。

短视频方案：分别以鲟鱼文化节中的精彩片段、搞笑片段、感人时刻等制作主题短视频。

（5）活动意义

◎ 感受并传播鲟鱼文化，保护中华鲟。

◎ 推广响春底村的对外宣传，加强响春底村"中华鲟鱼第一村"的形象打造，促进响春底村的经济发展。

4. 一日："基地互动·共商鲟鱼生长保护"主题党员活动日

（1）活动时间

7月1日。

（2）活动地点

响春底村文化礼堂、鲟鱼渔家乐、鲟鱼养殖基地。

（3）参与对象

响春底村所有党员、鲟龙科技有限公司养殖基地党员、鲟鱼保护组织党员。

（4）活动内容

◎ 走访鲟鱼养殖基地、鲟鱼渔家乐、鲟鱼养殖区进行鲟鱼生活区域的实地考察，了解鲟鱼在响春底村的生长情况。

◎ 以 PPT 等展示形式，村庄、公司分别自述其发展情况以及未来的发展构想，探讨关于中华鲟鱼的相关产业发展及其生长养殖技术。

◎ 观看大型鲟鱼纪录片《拯救恐龙鱼》，聆听鲟鱼的故事。

◎ 开展党员内部小型表彰仪式：对鲟鱼相关事业发展有着较大贡献的党员进行表彰，同时组织这些党员进行小型的故事分享，讲述他们与鲟鱼的故事，从思想上感染其他党员。

◎ 响春底村书记主持召开座谈会：议题关于响春底村对于村庄的未来发展、鲟鱼的发展设想；鲟龙科技公司对于鲟鱼工作的未来发展构想；鲟鱼保护组织对于鲟鱼保护的建议。

（5）活动宣传

◎ 前期准备宣传

线上：进行微信公众号的推文宣传；微博、今日头条的图文结合预热主题活动。

线下：设置公告、布置场景以示欢迎会议成员到来。

◎ 活动后续宣传

微信公众号的总结性推文宣传；微博、今日头条的图文结合进行总结性文章发布。

（6）活动意义

该活动日主要以研学中华鲟鱼作为活动宗旨。举办该活动，可对村庄、鲟鱼公司的未来发展均有所了解，同时也可专业地为鲟鱼的生长生活情况进行进一步规划。

5. 一集："潮玩元旦·喜迎新年"——年年有"鱼"年货市集

（1）活动时间

1月1日—1月3日。

（2）活动内容

◎ 鲟宝市集街

活动时间：活动期间每日 8:00—21:00。

活动地点：墙绘美化路。

活动目的：市集以售卖鲟鱼相关产品（食品类、用品类等）为主、穿插游戏商铺（小型钓鱼现场等）、农产品类商铺等，集吃喝玩乐于一体，吸引游客进行游玩体验，同时促进响春底村的宣传。

◎ 街头音乐会

活动时间：活动期间每日 13:00—18:00。

活动地点：村口文化礼堂门前空地。

活动目的：搭建舞台让来往的游客自由点唱及即兴表演，主要演唱鱼主题或乡村主题歌曲包含流行、传统歌曲等，以此吸引喜爱音乐的年轻人。

◎ 篝火晚会

活动时间：1 月 1 日 18:00—22:00。

活动地点：江边空地。

活动目的：邀请音乐人进行表演燃起气氛，现场设立小型摊位可以进行以物易物，交换新年美好的礼物与心意，开设"说出心里话""新年许愿"等活动，并在活动的最后举办烟花秀，感受新年即将到来的美好氛围，以此吸引各个年龄段的游客。

◎ "鱼"车游村

活动时间：活动期间每日 17:00—21:00。

活动地点：响春底村全村。

活动目的：坐上鲟鱼环游车，播放浪漫的音乐，环江绕村游览整个响春底村庄，感受村庄优美的自然景色，体验不一样的迎新年。以此吸引游客到来，从而宣传响春底村的山水风景。

（3）活动宣传

◎ 前期准备宣传

线上：制作宣传视频投放各大社交平台；官方微信公众号以及微博等发文进行包括活动时间地点的预告宣传。

线下：制作相关海报张贴商场、公交站台等人流量大的地点；发放宣传传单；制作地推产品进行推广。

◎ 活动期间宣传

直播抽奖：元旦当天进行直播活动，并设置抽奖等环节，增加活动热度。

精彩集锦：将活动中的搞笑片段、娱乐环节等精彩瞬间剪辑成短视频在社交平台发布；并且尽快整理好精彩瞬间的图集、视频发布于微博账号，吸引年轻人的关注。

每日推文：每天活动结束后均需要制作公众号推文，主题为一日活动的总结及对后续活动的邀请。

◎ 活动后续宣传

混剪视频：剪辑出包含所有活动项目的视频并发布于各个社交平台上预热；后继续在各大社交平台上发布活动精彩内容剪辑视频。

活动总推文：微信公众号发布活动总结、游客感受等内容的推文进行宣传。

精彩集锦：微博以图文结合、视频形式发布活动精彩瞬间集锦。

（4）活动意义

利用元旦的放假契机，集聚年轻人喜欢的多种元素，设置相关项目，吸引年轻人的到来。在感受传统活动——买年货的同时加上潮流元素，吸引游客。

6. 一公益："青年与鲟鱼"主题公益活动

（1）活动时间

11月10日（世界青年节）。

（2）活动内容

◎ 保障鲟鱼生命之水——清扫乌溪江沿岸

具体时间：11月10日（世界青年节）7:00—10:00。

活动对象：青年学子。

活动地点：乌溪江沿岸。

具体内容：随乌溪江沿岸走，清除乌溪江沿岸垃圾。

活动目的：世界清洁地球日的初衷是保护环境，整洁环境。响春底村作为饲养鲟鱼的地点，需要保证鲟鱼的生存环境，因此举办"清洁地球·保护鲟鱼"世界清洁地球日主题活动，不仅能为鲟鱼的生活环境作出自己的贡献，还可以加强环境保护意识。

◎ 暖心服务——走进养老院志愿服务

活动时间：11月10日（世界青年节）14：00—17：00。

活动对象：青年学子。

活动地点：养老院。

具体内容：组织青年学生志愿者队伍，到附近养老院进行暖心服务。与老人们沟通交流，给老人们送去实用的鲟鱼文创用品、必需的生活用品等。

活动目的：鲟鱼作为远古生物，需要大家的关注，同时老人也需要大家的保护和关注。作为祖国的花朵、未来的希望，青年学子应该贡献自己的力量，为老人们送去温暖与幸福。

◎ "鲟"希望志愿者队伍 Logo 设计征集活动

活动要求：把青年与需要人们关注与保护的远古生物"鲟鱼"放到一块，你能联想到什么？请你以"青年与鲟鱼"作为本次 Logo 设计的主题，发挥你的想象，为"鲟"希望志愿者队伍设计一款专属 Logo 标志吧！

征集时间：11 月 1 日—11 月 20 日。

作品设计要求：

——体现队伍形象。本支志愿者队伍以青年学子为主要成员，形象标识（Logo）要符合志愿者队伍的青年形象。

——彰显精神内涵。形象标识（Logo）要符合"鲟"希望志愿者队伍的发展内涵——积极向上，暖心希望。

——简洁明了。形象标识（Logo）要简洁明了，构图新颖，具有原创性、延展性、可变性和可塑性。

——注重原创品质。形象标识（Logo）须具有原创性，拥有自主知识产权，严禁剽窃和抄袭，不侵犯任何单位和个人的权利。

——设计稿应附有对标识和字体的创意文字说明（500 字内），包含设计的图样、技术文字说明和设计图样的理念说明。

——符合法律规定。作品中不得含有任何违反国家宪法及法律规定的内容、不得违反社会公德。

——合理投稿数量。同一设计团队或作者，参与征集的设计稿数量不超过 5 件。

——已提交的设计作品不退还。请应征大赛 Logo 设计者自留备份。获奖作品未经权属人认可，不得擅自将相关资源项目用于本参赛作品以外用途。

投递方式：可线下交给响春底村村委会，也可通过电子邮件的形式发送至指定邮箱。

方案评审和公布：按提交时间的先后顺序进行编号，组织专家评审，在 10 个工作日内完成方案评审并通过微信公众号、今日头条等官方媒体账号对外公布评审结果。

奖项设置：一等奖为 8000 元；二等奖为 5500 元；三等奖为 3000 元。

（3）活动宣传

◎ 前期准备宣传

线上：制作暖心类预告短视频并发布于各大视频类平台；微信公众号以青年志愿服务为主题制作推文并发布；微博、小红书等账号以图文并茂的形式发布活动详情，号召有意向参与活动的网友。

线下：制作相关海报张贴于商场等人流量大的地点。

◎ 活动期间宣传

拍摄志愿服务现场活动照片和视频，制作暖心类、感人类短视频发布于视频类平台（抖音、哔哩哔哩等）；微博、小红书等账号发布图文并茂的短文章进行活动动态更新。

◎ 活动后续宣传

制作志愿者服务活动现场短视频、剪辑感人故事专栏并发布视频类平台（抖音、哔哩哔哩等）；微信公众号及时发布活动结束后总结、青年志愿者活动感受等主题性推文；微博、小红书等平台发布图文并茂的总结性短文章。

（4）活动意义

通过青年志愿者队伍的体验服务和 Logo 设计征集活动，使得响春底村拥有一批青年志愿者队伍。通过志愿者队伍进行志愿服务，打造并宣传响春底村暖心、幸福等名声，间接增强响春底村"中华鲟鱼第一村"的品牌知名度。

荷美里叶，心意相莲

——里叶白莲品牌营销策划

选题来源： "建行裕农通杯"第五届浙江省大学生乡村振兴创意大赛—招标村—产业
　　　　　创意类

项目负责人： 浙江树人学院人文与外国语学院 2021级网络与新媒体（3+2）专业
　　　　　薛乔尹

团队成员： 佘宁静　严小翊　张怡婷

指导教师： 叶　菁

一、市场分析

（一）宏观市场PEST分析

1. Political（政治）

农业农村部印发《"十四五"全国农产品产地市场体系发展规划》等各项政策中，在资金、技术、行业规范方面对农产品行业给予政策支持和保护。

2. Economic（经济）

我国经济发展迅速，居民收入提高，消费能力提升，产生新的对美好生活需求；

全国莲子产值规模大，远销海内外，出口超过千万美元。

3. Social（社会）

互联网高速发展，人们的养生观念加强，更注重健康；

消费体验升级，人们对农产品包装的欣赏性、便携性要求提高。

4. Technological（技术）

中国互联网技术已占领领先地位，产品运用新科技需求凸显；

电商行业和直播带货的迅速发展，成为农产品销售的主要渠道之一。

（二）品牌&产品分析

1. 品牌分析

里叶白莲拥有国家地理标志保护农产品称号，并收获了浙江省农产品金奖、浙江省注明商标和农业农村部无公害产品认证等多项荣誉。里叶白莲种植始于宋朝，至今已有1000多年历史，南宋年间被指定为贡品，G20杭州峰会更被作为元首夫人礼。但里叶白莲需要进一步应用精细化管理，加强品牌建设的同时使品牌年轻化，扩大产品知名度，如图3-68所示。

图 3-68　里叶白莲

2. 产品分析

里叶莲子颗粒均匀，光泽度好，白莲去皮通心，粒大而圆润，色白如羊脂，实为莲中之珍品，由于优美的自然环境和丰富的优质狮子山泉水灌溉，里叶白莲具有独特的品质和风味，被列为国家地理标志保护产品。主要售卖产品为干莲子、莲子酒，兼售莲子茶、莲子糕、藕粉等。

3. 产品定位

面向 Y 世代（1980—1995 年出生）、Z 世代（1995—2010 年出生）等年轻群体的莲子系列产品。

（三）消费者分析

根据里叶白莲过往的营销，主要针对的消费者人群大部分都是 X 世代（1965—1980 年出生）。本次营销策划是紧跟当今社会 Y 世代、Z 世代重视养生的潮流，进一步扩大消费者群体。

1. Y 世代消费特点：追求生活品质和新潮体验，注重产品质量、实用性和品牌。

2. Z 世代消费特点：对盲盒文化的追求，对颜值至上的执着，对多元化产品的选择，对品牌价值产生共鸣，为个性化爱好买单。

3. 用户画像：

（1）爱好饮茶 喜欢盲盒 追逐新潮 佛系养生的大学生。

（2）养生至上 热爱种草 紧跟潮流 的新锐白领。

（四）卖点拓展

1. 莲子的食用途径：科普莲子多种吃法，莲子本身性甘味苦，难以入口，做成各种美食，既能将莲子的苦味中和，又能很好地吸收莲子的营养，让本来对莲子无感的人也能尝试着接受莲子产品。

2. 设计里叶白莲品牌 IP 形象：设计里叶白莲 IP 形象"莲白白"，拥有卡通外表的 IP 形象具有超强的延展性，在线上传播中发挥优势，更能产生流量、吸引用户。

3. 数字化形式体现里叶白莲文化：制作白莲的一生分集动画，打造白莲文化，让白莲拥有故事，在情感上更容易打动消费者。

4. 与其他品牌跨界联名：与其他品牌联名，快速出圈，增加品牌知名度。

5. 包装设计改良：设计符合 Z 世代、Y 世代审美的产品包装，使品牌年轻化。

（五）竞品分析

其他产地莲子情况分析，见表 3-5。

表 3-5　相关莲子情况分析

地方品牌	湘潭莲子	建宁莲子	洪湖莲子	广昌白莲
主要特点	颗粒圆状、均匀饱满、肉色乳白、肉质细腻、口感软糯酥软	建莲颜色为自然的乳白色，粒大饱满，圆润洁白，有一股淡淡的清香	颗大粒圆、皮薄肉厚、芯孔比较小、味道鲜且富有嚼劲	色白、粒大、味甘清香、营养丰富、药用价值高
获得荣誉	"中国湘莲之乡"的美称	是国家地理标志性产品，被称为"莲中极品"	是国家地理标志性产品	自古以来被称为"莲乡"
优势	历史悠久，寸三莲营养价值位居中国三大莲中之首，产量占中国产量一半以上	建宁莲兼具食用性和药性	湖北洪湖自成立来，自然生长着大量野生莲藕	李艾被称为"贡莲"，为莲中珍品，一直畅销海内外
核心卖点	驰名中外的"寸三莲"是莲中珍品	一系列工艺处理后的通心白莲备受欢迎	广式月饼中莲蓉的优秀制作原料	富含"莲眯"和"氧化黄心树宁碱"等，具有药用价值

（六）SWOT分析

SWOT 分析见表 3-6。

表 3-6　SWOT 分析

优势（Strength）	劣势（Weakness）
1. 种植面积大，销售市场广 2. 品质优良，粒大圆润 3. 国家地理标志产品 4. 历史悠久，种植经验丰富	1. 科技投入不足 2. 产品宣传不够
机会（Opportunity）	威胁（Theart）
1. 人群养生意识增强，销售市场前景广阔 2. 环境优美，文旅产业前景广阔 3. 品牌潜力大，受国家政策支持	1. 品牌知名度低，不及国内其他品牌 2. 竞争压力大

二、品牌策划

（一）品牌形象策划

1. 构建品牌 IP 形象：莲白白，如图 3-69 所示。

2. 通过莲白白 IP 形象来衍生"白莲家族"相关动画、游戏、盲盒、等文创产品。

3. 通过莲白白进行营销活动扩大品牌的知名度，扩展新市场。

图 3-69　品牌 IP 形象莲白白

（二）莲白白IP设定

莲白白各属性，见表 3-7。

表 3-7 "莲白白"属性

姓名	莲白白
形态	莲子
年龄	一千岁
性别	无
性格	内向、害羞
爱好	晒太阳、和小鱼玩耍
自我介绍	大家好，我叫莲白白，来自杭州建德里叶村，别看我是我们家族最小的，实际上我们里叶白莲家族已经一千多岁啦。除了我以外，我们家族还有莲叶叶、莲花花、莲藕藕、莲蓬蓬。我们家族在南宋时期就被当时的皇帝钦点为皇家贡品，在G20峰会上还被当作元首夫人礼呢！ 最近我有微动画《莲子一千岁》要上啦，记得要去看我哦～

（三）白莲家族设定

白莲家族介绍见表 3-8。

表 3-8 "白莲家族"属性

姓名	莲叶叶
形态	莲叶
年龄	一千零三岁
性别	男
性格	活泼好动
爱好	接水珠
自我介绍	要保护小鱼不被雨淋到
姓名	莲花花
形态	莲花
年龄	一千零五岁
性别	女
性格	爱美
爱好	照水面
自我介绍	我要成为夏天最美的花

续表

姓名	莲藕藕
形态	莲藕
年龄	一千零二岁
性别	女
性格	沉稳
爱好	待在水里和小鱼玩耍
自我介绍	要是能一直待在水里就好了
姓名	莲蓬蓬
形态	莲蓬
年龄	一千零六岁
性别	男
性格	多愁善感
爱好	思考莲生
自我介绍	莲的一生到底有多长呢

三、营销策划

（一）营销目的

加强里叶白莲的品牌建设，构建品牌文化，提升品牌价值，扩大里叶白莲系列产品知名度。

（二）营销策略

1. 品牌营销：提升品牌自身价值，构建独特的品牌文化，打造品牌 IP 形象。

2. 盲盒营销：通过盲盒形式营销文创产品，击中圈层消费诉求，制造稀缺的价值感。

3. 联名营销：通过与其他品牌的跨界联名，快速出圈，以组合的方式互相赋能，实现共赢。

4. 圈层营销：根据品牌定位，确认圈层群体。通过网红 kol 在抖音、小红书等新媒体平台进行圈层营销，吸引原点人群，形成品牌圈子，持续输出品牌文化，扩大品牌受众客群。

5. 话题营销：通过网红 kol 在微博、小红书等新媒体平台进行话题营销，吸引原点人群讨论，形成品牌话题，持续输出品牌文化，扩大品牌受众客群。

（三）营销阶段

1. 阶段一：互动科普（6—7 月初）

（1）活动一：H5 微信做菜小游戏——"莲味厨房"

活动目的：通过 H5 小游戏的趣味性吸引用户关注品牌，在受众群体内快速传播，增加品牌曝光度。利用用户创新命名白莲系列产品，打开品牌产品创新新思路。

活动时间：6 月 1 日—6 月 15 日。

活动内容：制作一个 H5 烹饪小游戏，游戏提供基础食材供用户选择，并提示用户各菜品的功效、相克注意点。获得新食材途径为转发制作的菜品，分享游戏给好友。主线任务是制作一个含有莲产品相关的新菜品，可以邀请组队参与制作，每开发一个新菜品即可解锁"莲白白"系列表情包或壁纸，如图 3-70 所示。

图 3-70 "莲味厨房"小游戏页面设计

（2）活动二：AR 微信小程序游戏——"莲子不见啦！"

活动目的：通过养成互动小游戏来吸引用户，增加品牌曝光度。

活动时间：6 月 15 日—7 月 1 日。

活动内容：利用 AR 技术通过 H5 形式投放该游戏，在里叶村十里荷塘中寻找失踪的莲白白，每通过一关即可解锁一个挂件（可用来兑换莲白白宠物的服装，装饰莲白白的家人）。

（3）活动三：小红书话题 # 莲子的百变舞会 #

活动目的：通过分享莲子的各种吃法，初步建立品牌印象，形成品牌话题，吸引受众眼球。

活动时间：7 月 1 日—7 月 10 日。

活动内容："江南可采莲，莲叶何田田。"在里叶白莲盛开之际，待荷花花瓣渐渐脱落，便只留下碧绿的莲蓬。此时正是莲子的享用时间，在小红书打卡词条 # 莲子的多种做法 #、# 夏季养身 # 等热门话题。莲子可以煲汤、煮粥，可以做成糖水、蛋花汤、银耳汤等，也可以做成莲子糕、莲子酥、莲子羹等甜品糕点，多种制作方法等你来发现。

（4）活动四：西湖旁小型展销会——"误入藕花深处·印象里叶"

活动目的：线下对品牌和产品进行宣传，提高知名度。

活动时间：7 月 1 日—7 月 8 日。

活动内容：在杭州西湖边摆一个小型白莲展览，摆放里叶莲花的不同品种，以及里叶白莲的产品（莲子糕、莲子酒、莲子茶、藕粉等）、莲白白 IP 产品等。

2.阶段二：爆点事件（7—8 月）

（1）活动一：里叶白莲文创衍生品——"莲白白"夏日限定系列《夏日荷塘》盲盒娃娃

活动目的：通过文创产品的盲盒娃娃快速出圈，增强品牌曝光度。

活动时间：7 月 1 日—8 月 31 日。

活动内容："莲白白"的夏日限定系列《夏日荷塘》盲盒娃娃（四款）：莲叶宝宝、莲花宝宝、莲藕宝宝、莲蓬宝宝，如图 3-71 至图 3-74 所示。购买联名白莲或莲酒礼盒加赠隐藏款白莲宝宝 / 莲酒宝宝。

图 3-71　莲叶宝宝　　　图 3-72　莲花宝宝　　　图 3-73　莲藕宝宝　　　图 3-74　莲蓬宝宝

（2）活动二：知味观 × 里叶白莲——莲子糕系列"尝一口夏日杭州味道"

活动目的：初步建立品牌印象，增强品牌好感度，扩大品牌知名度。

活动时间：7 月 1 日—8 月 31 日。

活动内容："知味停车，闻香下马。欲知我味，观料便知。"知味观携手里叶白莲推出莲子糕系列产品，精选南宋贡品里叶优质白莲，融入知味观百年糕点手艺，诠释夏日杭州味道。

（3）活动三：邀请本土综艺《跑男》录制——"跑进里叶村，闻莲莲不绝之声"

活动目的：通过节目的知名度以及内容的趣味设计，让用户更简单、更深入地了解有关白莲的知识，同时扩大里叶白莲品牌的知名度。

活动时间：7 月 15 日拍摄，8 月 1 日节目播出。

活动内容：

◎ 创意游戏

里叶白莲地寻宝：分成几个队伍，在规定时间内，队员依次出发寻找白莲，在出发前先从纸条中抽取所要拿的莲子的数量，最终完成度最高、最快的队伍获胜。

莲白白之记忆力大挑战：在房间内的一块大屏幕上，播放莲白白的不同造型图片，每个造型有 2 张，打乱顺序排放成一个 36 宫格。在倒计时 10 秒结束后，队员需要通过记忆力来对消牌，消除最多的队伍获胜。

经典撕名牌游戏：每队只有 2 个人的名牌背后有莲子的不同做法，要守护这张小名牌。同时要通过在博物馆各处隐藏的线索猜到对方队伍的莲子做法，守护到最后的队伍以及猜中对方数量多的队伍最终获胜。

◎ 微动画播放

在节目尾声时，以虚拟动画小短片的形式，播放《莲子一千岁》。

（4）活动四：小红书、抖音话题 # 微醺调酒公式 #

活动目的：进一步打造莲子酒文化，助推莲产业发展。通过网红 kol 在小红书的圈层营销推广，扩大产品知名度。

活动时间：7 月 15 日—8 月 1 日。

活动内容："莲子酿酒，君子好逑。吃之有味，送之有位。"在小红书等网站分享利用莲子酒加其他饮品调制的特色酒水饮品。通过莲子酒与不同饮品的勾调，调制多种不同风味，邀请美食博主打卡 # 微醺调酒公式 #，给博主寄里叶莲子酒，在 Vlog 和吃播中出镜。

（5）活动五：古茗 × 里叶白莲——莲子奶茶系列

活动目的：利用 Z 世代人群的喜好，联名营销快速出圈。进一步宣传里叶的产品莲子，增加品牌知名度以及用户的好感度。

活动时间：7 月 1 日—8 月 31 日。

活动内容：推出莲子不同口味奶茶。芝士莲莲，从古茗经典芝士茶系列中引入莲子，是新颖与传统地碰撞。莲绵椰椰，以大热的椰浆或椰奶为底，加上绵绵的奶盖，再在其中添入莲子，口感浓郁美妙，如图 3-75 所示。

图 3-75　古茗 × 里叶白莲产品意向

3. 阶段三：体验转换（8—9 月）

（1）活动一：汉服十三余 × 里叶白莲——"莲莲不舍"汉服设计比赛

活动目的：利用汉服圈层营销，扩大品牌知名度。

活动时间：8 月 5 日—8 月 7 日。

活动内容：汉服品牌十三余和里叶白莲联合举办汉服设计比赛。报名参与选手前往建德里叶村十里荷塘进行汉服设计比赛，选手须根据莲花、莲叶等莲元素并结合当地文化，设计服装，由汉服十三余提供原材料，里叶白莲提供场地。评选出来的优秀作品可以在十三余上架，获奖选手可获得里叶白莲的系列产品。宣传海报如图 3-76 所示。

图 3-76 "莲莲不舍"汉服设计比赛海报设计

（2）活动二：胡庆余堂 × 里叶白莲——莲子脾胃膏

活动目的：与胡庆余堂联名，迅速扩大知名度。

活动时间：9月1日以后。

活动内容：胡庆余堂与里叶白莲携手推出莲子脾胃膏。胡庆余堂精选里叶优质白莲，将干莲子作为药膳，由于莲子心可以降火，白莲子果实可以强胃健脾，在胡庆余堂，通过食补的方式，可作为中医药中的一种，制作成莲子脾胃膏，与其他食养膏一起售卖。

（3）活动三：立顿 × 里叶白莲——莲子四季茶

活动目的：宣传里叶白莲的功效与作用，根据人们对养生的追求，吸引用户对品牌的关注，进而购买产品。

活动时间：9月1日以后

活动内容：品立顿白莲，步步生莲华。立顿携手里叶白莲推出四季莲子茶包，打造养生茶之新口味。春日品洛神莲叶茶，美容养颜，一解黯淡无光的气色；夏日饮茉莉莲心茶，清心去热，让夏日不再心烦气躁；秋日味郁金莲子茶，润肺去燥，行气解郁，天天好心情；冬日尝百合莲子茶，益气补血，在寒冷的冬日里，依旧活力满满，如图3-77所示。

图3-77 立顿 × 里叶白莲产品意向

4.阶段四：长久维护（10月以后）

（1）活动一：公益活动——认养一块田

活动目的：增强品牌的可持续发展，长线维护客群。

活动时间：10月1日以后。

活动内容：以建德里叶村十里荷塘为基础，鼓励用户认养一块莲田（类似于蚂蚁森林、芭芭农场），了解乡村白莲产业，助力乡村振兴。用户通过对莲田的培育小游戏赚积分，来年可收获邮寄的新鲜莲子/干莲子（邮费自理）/里叶村莲田采摘门票，宣传海报如图3-78所示。

图3-78　"认养一块田"海报设计

（2）活动二：系列微动画短片——莲子一千岁

活动目的：利用"莲白白"IP形象，传播里叶白莲品牌。

活动时间：11月1日以后。

活动内容：构建"莲白白"虚拟IP形象，借助抖音平台，制作莲子从出生到出售的故事情节，以及莲白白主题故事系列。

（3）活动三：开通各新媒体平台官方账号——里叶白莲

活动目的：通过新媒体平台，扩大里叶白莲品牌影响力。

活动时间：6月1日以后。

活动内容：搭建新媒体矩阵，主要运营平台为抖音和小红书以及微信公众号及视频号。抖音播放"莲白白"系列微动画，小红书科普莲子的多种食用途径及功效，微信公众号推广品牌的历史，视频号播放里叶村的荷塘风景及莲子采摘视频。

四、创新创意

1. H5小游戏"莲味厨房"：通过游戏引起用户兴趣，利用通关解锁和自主研发菜品提升用户体验，也让主办方收获新产品灵感。

2. AR小游戏"莲子不见啦！"：AR形式全景投放里叶村十里荷塘景象，用户在地图上寻找隐藏的莲白白，同时，了解里叶村风景。

3. 小红书话题＃莲子的百变舞会＃：在家DIY各种食品的挑战越来越多，大家都会在小红书上找制作方法和攻略，通过小红书的话题推广，打卡莲子的多种吃法。

4. "莲白白"《夏日荷塘》盲盒娃娃：跨界联名使品牌快速破圈。利用盲盒抓住 Z 世代的消费心理，通过购买普通盲盒后想要集齐全系列的消费欲望，刺激消费者购买白莲产品。

5. 小红书、抖音话题＃微醺调酒公式＃：通过美食博主、吃播博主和 Vlog 博主在视频中分享莲子酒，进行圈层营销。

6. 知味观莲子糕系列：知味观和里叶白莲都作为杭州本土品牌，里叶白莲作为糕点原料，使消费者留下里叶优质白莲的印象，增加品牌的好感度，进一步扩大品牌影响力。

7. 本土综艺《跑男》录制：结合浙江电视台的本土优势，通过政府扶持，乡村振兴，走进里叶，宣传里叶白莲的品牌。

8. 古茗莲子系列奶茶：台州奶茶品牌"古茗"携手杭州里叶白莲，为用户打造前所未有的奶茶新体验，以联名的方式互相赋能，实现共赢。

9. "莲莲不舍"汉服设计比赛：以莲为主题，抛出莲概念，与汉服品牌跨圈合作，吸引用户体验里叶白莲产品。

10. 胡庆余堂莲子脾胃膏：借助胡庆余堂多年老品牌的名气，将具有养生价值的莲子作为脾胃膏的原料，给消费者留下里叶生产优质白莲的印象，扩大品牌影响力。

11. 立顿四季莲子茶：全球最大茶叶品牌立顿，作为茶包品牌之最，里叶白莲以其多样的功效，联名立顿，使用户在一年四季都能品味白莲茶。

12. 公益活动"认养一块田"：通过公益活动形式，增加品牌可持续发展性，使用户认同品牌理念。

13. 微动画系列短片"莲子一千岁"：以大流量抖音平台进行动画传播，借虚拟形象吸引年轻群体。赋予故事情节，长线吸引用户。

五、媒介策略

（一）媒介选择

1. 小红书：小红书作为现在主流的新媒体种草平台，吸引 Z 世代 Y 世代购买产品。

通过＃微醺调酒公式＃，＃莲子的百变舞会＃话题等，进行话题营销，打造属于里叶白莲的品牌圈层。吸引原点用户，持续输出品牌文化，扩大品牌受众客群。

2. 抖音：抖音作为主要新媒体平台，最大限度地吸引用户流量。通过投放广告和品牌故事等短视频，快速增加品牌曝光度。

3. 微信：微信作为最大的用户沟通社交平台，通过投放互动性小游戏，短期内进行病毒传播式营销，让大众快速熟知并参与，建立品牌形象。

4. 微博：微博作为用户话题沟通交流平台，通过话题营销，让用户对品牌建立初步印象。

（二）媒介排期

详细媒介排期，见表 3-9。

表 3-9　媒介安排

阶段	活动	媒介	6.1—6.15	6.15—7.1	7.1—7.15	7.15—8.1	8.1—8.15	8.15—9.1	9.1—9.15	10月以后
阶段一	H5 游戏《莲味厨房》	微信	✓							
	AR 游戏《莲子不见了》	微信		✓						
	话题＃莲子的百变舞会＃	小红书			✓					
	展销会《误入藕花深处·印象里叶》	线下			✓					
阶段二	"莲白白"盲盒娃娃	线下、小红书、微博			✓	✓	✓	✓		
	知味观莲子糕系列	小红书、抖音			✓	✓	✓	✓		
	综艺《跑男》	电视				✓				
	话题＃微醺调酒公式＃	小红书				✓				
	古茗莲子奶茶系列	抖音、小红书			✓	✓	✓	✓		

续表

阶段	活动	媒介	6.1—6.15	6.15—7.1	7.1—7.15	7.15—8.1	8.1—8.15	8.15—9.1	9.1—9.15	10月以后
阶段三	十三余汉服设计比赛	小红书、微博					✓			
	胡庆余堂莲子脾胃膏	抖音、小红书							✓	✓
	立顿四季莲子茶	小红书、抖音							✓	✓
阶段四	公益活动《认养一块田》	微博								✓
	微动画系列《莲子一千岁》	抖音								✓
	开通新媒体平台账号	抖音、小红书、微信	✓	✓	✓	✓	✓	✓	✓	✓

IV

乡村民宿品牌传播与运营

石上山舍乌托邦

——黄石坦村民宿运营及相关旅游设计方案

选题来源： "农信杯"第二届浙江省大学生乡村振兴创意大赛—招标村—产业创意类

项目负责人： 浙江树人学院人文与外国语学院　2016级新闻学专业　陈梦亭

团队成员： 俞小芳　马丽芳

指导教师： 叶　菁

获奖信息： "农信杯"第二届浙江省大学生乡村振兴创意大赛主体赛一等奖

一、基础研究

黄石坦村是一个海拔 400 米的原生态小村庄，权属面积为 527.68 公顷、人口较少，村民小组数为 6 个，户数为 178 户，人口数为 550 人，党员为 19 人，属于临海市 18 个中国传统村落之一。该村属于亚热带季风气候，十分适宜人类居住，春季温暖多雨，夏季高温多雨，秋季凉爽少雨，冬季温和少雨，全年热量充足，水分充足。

（一）交通区位

黄石坦村坐落于临海市括苍镇西南部，东邻尚山村，西邻长岗山村，南邻九栋尖，北邻朝仰山。村落位于永安溪分支的沿岸，是方溪水库源头、九台沟景区入口，背靠括苍山，村庄海拔 400 米，保留着原生态的天然景观，是国家 3A 级旅游景区。

临海市位于浙江沿海中部，长三角经济圈南翼，东连东海、西接仙居、南连黄岩、北靠天台，是台州地区经济、文化、交通中心，台州副中心城市，一座融千年古城深厚底蕴、江南名城秀丽山水、现代城市繁荣昌盛于一体的古城新市。

黄石坦村距离临海市区约 36 公里。距村庄最近的火车站为临海火车站，车程约 1.5 小时，距村庄最近的汽车站为临海长途客运中心，车程约 1 小时。距上海市车程约 5 小时，距杭州市车程约 4 小时，距台州市车程约 2 小时。

（二）历史文化

1. 黄石坦由来

当地传说黄石坦为黄龙居住之地。黄龙顽劣，农家晒谷便呼风唤雨，农家收谷便雨收云雾。在尚山居住的陶仙人便与黄龙斗法。陶仙人将黄龙化为一棵树，命人看之，初树砍而复生；陶仙人命人以铁水涂之，复砍，黄龙重伤，逃至跑马坪，龙将宝剑插于石中，逃往黄岩。黄龙掉落的鳞片变成黄石，故当地石色皆黄。

2.重要历史人物

相传，紫阳真君到过括苍。汉时，太极法师徐来勒以括苍为治，王远（字方平）居括苍修炼得道。三国时，葛玄和其叔父葛弥、侄孙葛洪等造诣很深的道者都曾来过括苍，留下史迹。

陶弘景，南朝齐梁年间著名道教思想家、药物学家，曾隐居灯坛架，在大楼旗结炉炼丹、采药著书，灯坛架遗址至今犹存。陶弘景曾整理古代的《神农本草经》，并增收魏晋间名医所用新药，成《本草经集注》七卷，并首创沿用至今的药物分类方法，对本草学的发展有一定的影响。

3.重要民俗

（1）传统民间技艺

做布鞋、竹器编织、养蜂。

（2）传统民俗文化

五项农耕文化——开秧门、四月八日、请田头神、做"保稻"、取水。

（3）四大特色文化

黄石文化、百草文化、农耕文化、隐居文化。

（三）黄石坦著名景点

黄石坦著名景点分类，见表4-1。

表4-1　黄石坦著名景点情况

旅游资源类型	代表性景点
自然景观	大堆岩山、水口山、白虎山、方溪、南山涧、青龙山、案山等
田园风光	方溪南侧梯田、水口寺北侧旱田等
建筑风貌	原村委会大楼、黄石坦村广场、程家、全台屋、农家乐、民宿等
历史遗存	黄石坦村古道、四合院、怡情桥等

（四）周边景点

1. 括苍山

括苍镇著名景点。

主峰米筛浪海拔 1382.6 米，系浙江东南第一高峰，是 21 世纪曙光的首照地和最佳观测地。

山上有华东唯一的高山风力发电场，无数大小不一的风车矗立在山顶上，犹如荷兰版的现代童话世界。

2. 九台沟

九台沟风景区起于黄石坦村口，海拔 1200 米的跑马坪，全长 5.5 公里。

全沟分龙珠台、揽秀台、倚壁台、窑基台、观瀑台、折佳台、承玉台、望月台、摘星台等九台，台台相连，景色各异，跌宕起伏。

主要景点有：黄石坦瀑布、巨石滩公园、五峰竞秀、九台岩、滴水岩瀑布、情人石、凤尾瀑、岩门、石人峰、天门瀑、骑云岩、企鹅石、群龙奋进图及括苍山风电场等。

3. 神仙居

国家 5A 级景区，国家级风景名胜区之一，位于白塔镇南部，总面积 1580 公顷。

神仙居周围的众山巍兀独立，险峻无比，与其他山刀切斧削般割裂开来，迥然各异，别具一格，耸然独秀。

4. 紫阳古街

紫阳街为浙江第一古街，千年古城的缩影，是历史文化名城的象征。临海紫阳街，从北到南，全长 1080 米，街上古迹，信步可数，深深吸引着人们。

紫阳街南端，位于巾子山麓、古城墙边的龙兴寺，为台州之首寺。

紫阳街有纪念宋代南宗道教始祖张伯端（紫阳真人）的石碑、紫阳桥和紫阳坊。

紫阳街两旁的水井是紫阳街古迹的一大特色。

还有白塔，建于宋代，"文革"被毁，遗址在白塔桥饭店对面，保存完好。

5. 台州府城墙

台州府城墙，又称江南长城。

台州府城墙由城墙墙体、城门、城楼、瓮城、护城河、护城桥、敌台、马面、垛口、女墙等组成。

建筑特点：体现典型的明清城墙规制特点；具有鲜明的地域特色；具备缜密的城防系统；运用高超的筑城技术。

（五）本地特产

农产品：野生蜂蜜、自制豆腐、黄岩蜜橘、板栗、杨梅、竹笋、野菜、野生猕猴桃、番薯等；手工艺品：布鞋、竹编艺品等。

（六）基础设施

1. 道路交通

通村公路与村庄公路存在一定程度的破损毁坏现象；

村内有一定数量的停车场，基本能够满足游客需要；

村庄内依托古道与古巷，初步形成游赏面较大的环状游步道。

2. 服务设施

村内设有游客中心，基本满足游客咨询接待服务需求；

村内设有小型购物场所，为游客提供乡村土特产品；

村庄内已设置一定数量的导览标牌与安全警示标志，并对 12 家民宿位置进行指引；

村内现有 3～4 家餐饮店，没有便利超市。

3. 文化设施

已有一些基本的乡村民俗体验活动；

设有文化礼堂等乡村文化场所，展示乡村故事；

村内设有水口寺，定期举办一些庙会庆祝活动。

4. 环境卫生

整体卫生环境一般，存在一定程度的乱堆乱放、乱搭乱建现象；

在游客集中区域设置了分类垃圾桶，但尚未建立垃圾集中处理站或转运设施；

村庄内公共厕所数量较少，高峰期不能满足游客需要；

村庄内的路边、水边、山边、桥边和居民自有庭院、田园等正在进行改造与提升，如图 4-1 所示。

图 4-1　村庄内环境

（七）村庄现状总结

1. 自然环境优越，文化底蕴较为丰富，但缺乏文化挖掘与整体品牌开发；

2. 地理位置较好，旅游资源丰富，位于驴友十大经典线路要道，未能充分利用旅游要道优势；

3. 前期建设具有初步成效，但道路交通等乡村基础设施仍在完善中，景观环境等有待进一步整合与梳理。

二、民宿现状

目前，黄石坦村内已有 12 户民宿完成改造，黄石书吧、停车场、公共活动广场等配套即将建成。12 家民宿共可提供床位数 145 张，同时容纳 300 人就餐，其中山时民宿是临海市首家浙江省银宿，未文山舍、泊星小筑都已在 2018 年拿到银宿称号。2019 年未文山舍拟申报浙江省金宿。由于当地的基础设施还未完善，现在 12 家民宿中，11 家尚未运营，目前只有 4 家在运营。

（一）主题现状

黄石坦民宿村以"石缘山居、雕刻时光"为理念，以"石头文化"为民宿的主题，体现九台沟民宿的亲切、质朴的环境氛围，主要吸引自驾车游客和驴友。

充分利用现有石头建筑的外部形态和内部的空间格局，通过外立面改造、周边环境提升、内部功能转变和重新设计装修，原生态融入建筑内部设计的各个方面，拟打造功能完善、舒适安全、生态低碳，并具有浓郁地域文化体验的石缘山居休闲养生主题民宿，打造台州乡村民宿的示范点。

（二）运营现状

仅未文山舍、括苍溪头、空谷幽兰、雅竹居已开始运营，其他民宿尚未运营，如表 4-2 所示。

表 4-2　黄石坦村民宿情况汇总

石缘山居	名称	是否运营	经营项目	房间数	床位数	标间数	价格 / 元	备注
1 号	括苍溪头	是	餐饮、住宿	5	7	0	/	
2 号	周园	否	餐饮、住宿	6	12	4	/	
3 号	家里民宿	否	餐饮、住宿	5	11	4	/	
4 号	枕溪小歇	否	餐饮、住宿	7	11	3	/	
5 号	未文山舍	是	餐饮、住宿	7	13	6	500 ～ 688	

续表

石缘山居	名称	是否运营	经营项目	房间数	床位数	标间数	价格 / 元	备注
6 号	雅竹居	是	餐饮、住宿	9	16	5	128 ～ 228	
7 号	泊星小筑	否	餐饮、住宿	5	10	5	/	
8 号	石屋小筑	否	餐饮、住宿	9	15	6	/	
9 号	景竹民宿	否	餐饮、住宿	10	16	6	/	
10 号	山时	否	餐饮、住宿	7	21	4	/	
11 号	倚壁山居	否	餐饮、住宿	6	10	4	/	
12 号	空谷幽兰	是	餐饮、住宿	6	9	0	/	整栋 1200～1500 元
总计				82	151	47		

◎ 民宿主要以个体运营为主,单间价格在 128 ～ 228 元、500 ～ 688 元不等,整套出租价格为 1200 ～ 1500 元。

◎ 客源主要来自微信公众号推荐、朋友圈以及朋友口碑推荐。

◎ 民宿硬件设施如空调、WiFi、热水器等还存在一定的问题。

◎ 民宿卫生状况有待改善,尤其是还未开始运营的民宿。

(三)设计风格

山时、未文山舍、泊星小筑、周园,这 4 家民宿巧妙地结合了黄石坦的文化、特色,主题明确;另外 8 家也都有其一定的设计风格,但主题不够明确。

1. 山时

银宿,日式风,建筑以石头与木质相结合,客房主要以"蓝色"木材本色为主色,民宿主要的活动为磨豆腐、扎染,如图 4-2 所示。

图 4-2　山时民宿

2. 未文山舍

银宿，北欧简约风，木质结构，简约舒适，客房用色柔，颜色主要为白色、灰色、棕色等，目前尚未有主题活动，如图 4-3 所示。

图 4-3　未文山舍民宿

3. 泊星小筑

银宿，简约风，石头与木材相结合，简洁明快，颜色主要为白色、蓝色等，目前尚未有主题活动，如图 4-4 所示。

图 4-4　泊星小筑民宿

4. 周园

自然风格，建筑结构以石头与竹子相结合，舒适、典雅，色彩以石头与竹子本色为特色，现有绘画活动，如图 4-5 所示。

图 4-5　周园

（四）传播现状

当地民宿品牌推广内容较少，哪怕是微博、微信、小红书、马蜂窝和新闻网站平台等，主要渠道是微信推文，但是推文的公众号仅局限在当地的公众号。其中未文山舍、山时先前借助微信平台的宣传已在消费人群中建立了一定的知名度。目前因村庄建设问题，村子在民宿宣传上并没有太大投入。

1. 网站

相关网站：台州市临海市括苍镇黄石坦相关网站已建立，但信息量很少，基本为框架性的构架，内容较为缺乏。

其他网站：在当地的新闻网站比如台州快讯、台州新闻中有少量关于民宿村的报道。

2. 微信

浙江、台州或者临海当地的公众号中，比如台州快讯、临海旅游、适我居等，可以找到黄石坦民宿村品牌的相关推文。其中，"遇见黄石坦"微信公众号的内容尚在建设中。

3. 其他平台

如 OTA、微博、小红书、抖音等均没有信息。

（五）现状总结

1. 基本形成一定数量和体量的特色民宿群。
2. 民宿外观具有特色鲜明的黄石建筑风格。
3. 民宿总体尚且缺乏统一对外的品牌表述。
4. 民宿整体运营缺乏统一规划与统一管理。
5. 民宿营销宣传力度不够，客源缺有效路径。

三、品牌策划

（一）SWOT分析

SWOT 分析见表 4–3。

表 4-3　SWOT 分析

S（优势）	W（劣势）
1. 山水资源丰富，旅游资源类型多样 2. 历史文化悠久，黄石建筑风貌明显 3. 基础条件尚可，民宿体量基本形成	1. 产业结构较为单一，以农业为主 2. 旅游业未形成规模化，游客零散 3. 交通条件不够完善，道路基础差
O（机遇）	T（挑战）
1. 互联网平台为民宿品牌宣传提供时代契机 2. 个性化旅游消费观引导更多年轻群体客源 3. 乡村振兴战略为农村发展带来更多的机遇	1. 文化特色不够突出，文化产业较落后 2. 民宿运营尚待完善，核心竞争力较弱 3. 民宿市场种类多样，市场竞争力较大

（二）品牌定位

1. 品牌名称

"石上山舍乌托邦"民宿村，

这是一个，

通往括苍云海的农耕生活地；

远离都市喧嚣的养生治愈地；

具有山间溪石的隐居理想国。

2. 品牌理念

一间间民宿与黄石自然结合，

依山傍水，古色古香，

是飘落在人间的天堂。

一层层梯田错落有致，

日出而作，日落而息，

是隐于山间的世外桃源。

听松涛鸟鸣泉音，

感受一份山野的灵气，

是抛开人间烟火的"乌托邦"。

3. 建筑特色

将黄石文化融入建筑内部设计的各个方面，将原汁原味的石头文化的字画、装饰品等融入民宿内部的墙面、家具、小品等各处，民宿群应整体营造石文化，由外到内地体现石屋特色。

4. 景观特色

（1）"石器时代"

石器构筑物，如石凳、地灯、拍照石林等；

石器互动装置，如攀岩墙、绘石、石盆微景观等。

（2）"农耕体验"

青山黛色中的农耕劳作，山间梯田错落有致，村内小菜园独具特色。

（3）"山间溪石"

微风中静静流淌石上的山泉溪涧，清冷透亮而又蜿蜒回环，是万物最为原始的低语。

5. 客户定位

（1）以年轻人群为主；

（2）多类人群，爱好自然的驴友团、养生体验户、农耕隐居爱好者、向往自然生活的亲子团等；

（3）多种组合，家庭式、闺蜜式、情侣式、养老式等。

（三）品牌体系

"乌托邦"民宿村可根据"石上山舍乌托邦"的总体品牌描述，分为以下三大品牌系列。

1. 仰望星空的理想——星空系列

星空做被，

浪漫十万光年视觉享受。

仰望星空，

享受浪漫的星罗棋布，

寻找那夜空中最善良的星。

星空下的天地，

是另一个世界。

它单纯绝美，又浩瀚无边。

有生之年，来一次十万光年自由行，

才算对得起这场叫做人生的旅行。

星空系列的民宿名称包括：星宿、星辰、星汉、星云、星海、星轩等。

2. 田园居住的农耕——田园系列

陌上花开，莺飞草长，

乳鸭浮塘，竹掩晴窗，

阳光洒落在田间、树上、屋顶，

草木便迎着淡青色炊烟，

从熹微晨光里开出一树树花。

曾经，田园是一种生活，

现在，田园是一个梦想。

田园系列的民宿名称包括：稻田、麦香、日出、云海、夏蝉等。

3. 大隐于市的乌托邦——隐居系列

沿着弯弯曲曲，

长满青苔的石阶一直往上，

对山而坐，

森林树木两对视，

下雨可茶可酒，

晴天种花耕耘，

诗书画香，琴棋酒茶，

远离尘世喧嚣，

静享自然风貌。

隐居系列的民宿名称包括：听雨、茗茶、南山、东篱、采菊等。

（四）品牌形象

民宿村需设计一个统一的 Logo。

1. 设计方向 1

利用石头本身具有的文化特色，结合民宿主题定位，加入山水画元素，突出黄石理念，打造黄石坦村以黄石特色为形象的 Logo。

2. 设计方向 2

构建山水间民宿屋的框架，加以乌托邦的文字元素，输出一种居住式理想国的概念，打造黄石坦民宿村的乌托邦 Logo 形象，如图 4-6 所示。

图 4-6　品牌形象设计方案意向

（五）品牌策略

1. 形象策略

黄石元素的建筑风貌与梯田农耕的田园景观特色。

2. 文化策略

民宿村及民宿产品的故事化和当地文化标志外化。

3. 旅游策略

黄石坦村整体旅游项目策划与重点活动项目打造。

4. 产品策略

民宿产品、乡村农产品与乡村文创衍生品的品牌化。

四、运营管理

（一）核心理念

1. 整体运营，全程托管

集中管理，交由专业公司整体运营，与现有 12 家民宿合作，对不同档次的民宿进行分层集中式管理。

2. 民宿品牌与特色旅游相结合

依托特色旅游产业、自然风光地貌，打造独特旅游路线，提升民宿村品牌影响力。

3. 民宿运营与文化衍生品相结合

挖掘当地民俗与历史文化资源，开发凸显地域文化和乡村特色的乡村民宿产品和创意产品，提升其文化内涵，增强体验感，丰富产品体系。

4. 综合考虑民宿旅游全产业链

通盘考虑民宿村的全产业链，包括吃、住、行、游、购、娱，积极拓展产业链延伸段，推动关联产业和区域经济协调发展。

5. 互联网 + 新媒体实现民宿宣传推广

打造 e 特色，开辟更广阔的网上民宿咨询和宣传推广媒介渠道，加强网上民宿的预订整合应用，通过 OTA 渠道进行住客的信息分析，借助互联网技术，通过线上线下融合发展，宣传民宿品牌。

（二）运营模式："4+8+n"模式

4 个精品民宿 +8 个特色民宿 +n 个待开发民宿，由村委会和专业运营团队共同管理与运营。

运营团队：对民宿村内的所有民宿统一运营管理。

民宿主：整体托管。

农民：参与民宿村的运营，可享受民宿村的运营的分红。

村委会：参与村内基础设施建设，占有一定比例的股份，给予一定政策支持。

（三）服务内容

1. 饮食

餐厅模式——特色餐厅；

私厨模式——专业厨师的私家服务；

e 厨房模式——网上预定食材，自主烹饪。

2. 住宿

自有平台预定；OTA 民宿预订。

3. 交通

民宿村专车服务；共享自助车辆服务。

4. 体验

民宿特色活动；乡村特色活动；特色游线体验。

（四）价格建议

1. 家庭式整栋出租

1500 ～ 2500 元。

2. 单间民宿

"星空"系列：500 ～ 800 元。

"田园"系列：400 ～ 600 元。

"隐居"系列：180 ～ 380 元。

（五）产品体系

1. 民宿产品

民宿产品共分为"星空""田园""隐居"三个系列，每个系列的特色和价格有所区分。满足不同需求的客人。

2. 文创产品

石艺：彩绘石、石盆微景观、刻石等。

扎染：帆布包、枕套、T 恤、丝巾等。

竹编：竹编包、竹编篮、竹编灯、竹编扇等。

布鞋：手工布鞋、钥匙扣、首饰挂件等。

3. 农产品

蜂蜜系列：野生蜂蜜罐、蜂蜜手工皂、蜜蜡、蜂蜜茶、蜂蜜唇膏。

野生猕猴桃系列：猕猴桃干、猕猴桃汁、猕猴桃糖果、猕猴桃果酒。

野生板栗系列：糖炒栗子、板栗干、板栗饼、板栗酱、板栗酒。

五、旅游项目

（一）重点开发项目

理想：观星台、石屋咖啡馆、情人台。

农耕：农耕生态体验园（梯田）、百果园、田园花簇。

隐居：汉服馆、百草居特色餐厅、听溪台。

1. 观星台

供游客观星赏月的小型特色构筑物；

将躺椅、石凳、石桌的功能融合艺术元素；

特色构筑物构成的小体系可打造网红打卡地；

放置观星的科技装置与互动装置，如图 4-7 所示。

图 4-7　观星台项目

2. 石屋咖啡馆

闲适低调的生活氛围；

将石屋特色与理想生活的主题相融合；

贩卖的更多是一种当地的文化和思想；

打造供游客拍照打卡的特色咖啡馆；

如图 4-8 所示。

图 4-8　石屋咖啡馆项目

3. 情人台

锁住永恒爱情的情人台；

将特色建筑物融入爱情元素；

恋人可以锁上一把刻有双方姓名的爱情锁；

打造成恋人来民宿村的重要打卡点；

如图 4-9 所示。

图 4-9　情人台项目

4. 百果园

借助山地和林地空间建设生态果园；

种植体量不大但种类丰富的果树；

提倡果园内果树的自然生长与生态性；

打造山坡上的野果采摘体验地；

如图 4-10 所示。

图 4-10　百果园项目

5. 农耕生态体验园

利用乡村梯田空间打造农耕生态体验园；

可供游客自耕自种，体验农耕生活；

为孩子提供课外农耕实践基地；

打造适合各季节轮换的梯田景观；

如图 4-11 所示。

图 4-11　农耕生态体验园项目

6. 田园花簇

并非大片的同类花海；

山间田间路间巷间的错落花簇；

适合各个季节的野花种植；

打造全村范围的生态乡村野花景观；

如图 4-12 所示。

图 4-12　田园花簇项目

7. 汉服馆

利用自然山水风光作为古装拍摄场景；

古色古香的中国风建筑与古装交织相融；

适合追求回归汉服文化的各色人群；

打造中国古风韵味的拍摄体验区；

如图 4-13 所示。

图 4-13　汉服馆项目

8. 百草居特色餐厅

餐厅建筑以黄石为主材体现黄石文化；

餐厅环境以百草为元素体现本草文化；

餐厅食谱以当地食材和本土味为特色；

是游客来民宿村的重要打卡点；

如图 4-14 所示。

图 4-14 百草居特色餐厅项目

9. 听溪台

借助自然的高山流水；

将桌椅石凳的功能融合山水元素；

符合都市人追求淳朴自然的愿景；

打造游客向往的隐居胜地；

如图 4-15 所示。

图 4-15 听溪台项目

（二）旅游线路策划

1. 日出乌托邦：适合年轻群体

方溪水库—黄石坦村—龙珠台—揽秀台—倚壁台—窑基台—观瀑台—折桂台—承玉台—望月台—摘星台—云海山庄—括苍山徒步—国家森林公园。

看日出、拍日出、走山道、观云海、赏绿林，在群峰和云海的映照下日出的景色更加瑰丽，感受朝气蓬勃、充满希望的力量。

2. 田园乌托邦：适合亲子出游

花海—果园—菜园采摘区—亲子娱乐区—农耕生态体验区。

割稻子、锁稻草、打糍粑、打黄豆、堆草垛、剥板栗、耕牛犁田，在山林间赏美景的同时，让孩子们享受农耕的乐趣。

3. 隐居乌托邦：适合中老年人

石门拍照—栖山云雾庭—逐影—拾光盒子—巍巍括苍—钟药园—邂逅小院—入口巷—休闲观光庭院—听溪台—百草居。

观山水、知民俗、品历史、赏花境、品佳肴，感受山间的恬静，给游客一种深山之感，更好地融入自然之中。

4. 邂逅乌托邦——黄石坦打卡日记

甜蜜暴击（酿蜂蜜）—"豆"你好玩（磨豆腐）—青梅竹马（手工竹编）—石上丹青（彩绘黄石）—草木染青（扎染）—泥上指尖（手捏春泥）—爱乐之缘（欣赏微电影）—迷你花园（微景观制作）—灿若繁星（观星台）—山野小种（生态农耕体验区）。

结合黄石坦当地的文化特色、传统工艺，在民宿内外设立10个娱乐体验点，为游客设计1条村内打卡路线，以便住户更好地了解黄石坦村的当地文化。

六、营销传播

（一）民宿村特色活动

1. 汉服节

华夏之国，有服章之美谓之华，有礼仪之大故称夏。

在文化自信、文化回归的时代潮流下，

黄石坦应顺应时代潮流，

传承及弘扬中华传统文化服饰、传统文化礼仪，

打造具有黄石坦特色的汉服节。

衣袂飘飘，裙裾飞扬，让人梦回汉唐！

穿着汉服在历史悠久的古村落中徜徉，

在黄石古道中漫步，

在青山绿水间徐行，

感受那一份纯粹的古朴、悠然。

（1）活动时间

每年 4—5 月，活动现场为期 3 天。

（2）活动内容

◎草本茶艺交流会：包括茶文化知识培训、品茶分享交流。有茶艺师为你捧上的好茶，也有能自己 DIY 的手工奶茶。

◎抖音小视频拍摄比赛：由当天八点前所获得的点赞数，以及路人投票数为评分标准，前三名的作品会在汉服夜播放。

◎汉服造型设计比赛：妆容、发型、服装搭配整体设计比赛，前十名可参与汉服夜的 T 台秀。

◎设有汉服租赁体验处：各色汉服可供选择，情侣的、孩童的、道士服等。

◎汉服小集市：汉服、发饰、花灯、小吃、黄石坦特色手工产品等。

◎时尚汉服夜：汉服 T 台秀、汉服舞蹈、武舞、歌曲、乐器等表演。

（3）活动推广

◎前期宣传

微博、微信等发文进行前期宣传，告知汉服节时间、地点等；

OTA 平台推出汉服节民宿预订信息。

◎活动期间

官方微博、微信等信息实时更新动态；

邀请主播直播汉服节情况；

拍摄抖音小视频。

◎活动后期

微博、微信等发布汉服节此次活动总体情况；

Bilibili 网站发布活动的剪辑视频。

2. 石头节

爱石自古以来就是一种文化现象，

爱石藏石是一种高层次的文化需求。

伴随着中国历代石文化的传承与发展，

文人雅士开始围绕石头创作文学艺术作品，

雅俗共赏的天然石质艺术品。

并集艺术性、趣闻性、知识性于一体，所以被誉为立体的画，无声的诗。

人们生活的节奏日趋紧张，人们的身心负担越来越重。

玩石养生，玩石增智，赏石陶情，赏石长寿，已成为现代人追求的一种新时尚。

（1）活动时间

每年 7—8 月，12—1 月，一年 2 次，每次活动现场为期 2 天。

（2）活动内容

◎ 石头宴：品味石器食代

人类自石器时代起便会使用石器来进行烹饪，如今黄石坦依托当地的石头文化，巧妙地运用精制石器制造的烹具与当地特色菜品相结合，举办出古今结合的新美食节——石头宴。石头宴主要以石餐具、石板、石锅等炊具制作的各色食物为特色。常食石锅炖煮的食物对高血压、心脏病、心脑血管等疾病患者具有明显的食疗保健作用。石锅是用来火锅、汤锅、煮饭、炖肉、煮菜的极佳器具。

石锅料理：石板烤肉、石锅火锅、石锅茶香鸡、石锅鱼、石锅豆腐等。

治愈料理：石锅排骨、石锅银耳莲子羹、当归生姜羊肉汤等。

创意料理：杨梅烧排骨、玫瑰花豆浆、石锅杂蔬饼等。

活动方式：购票自助，供点影服务、点歌服务。

◎ 彩绘黄石

绘色黄石坦大赛——在黄石上作画的比赛。

活动介绍：绘色黄石坦大赛，比赛主题为"黄石作画"，彰显黄石坦村的文化价值、历史价值、经济价值和时代价值。参赛对象为 12 周岁以下小朋友，以绘石的方式展现黄石坦村的文化之美、活力之美、生态之美、气韵之美。

（3）活动推广

◎前期宣传

微博、微信等发文进行前期宣传，告知石头节时间、地点等。

◎活动期间

官方微博、微信等信息实时更新动态。

◎活动后期

微博、微信等发布此次活动总体情况。

3. 星空节

迢迢牵牛星，皎皎河汉女。

同游七夕节，仰望美好星空。

在临海遇见爱情，

一起去括苍山看日出，

一起去黄石坦村的情人台安锁，

一起去黄石坦村的观星台赏夜，

一生两人，三餐四季，你与我，一直都在。

（1）活动主题

"星空，是夏夜的璀璨光芒"。

（2）活动时间

每年 7、8 月。

（3）活动内容

◎ "在星空下邂逅爱情乌托邦"——七夕摄影赛

"在星空下邂逅爱情乌托邦"

以摄影的角度展现黄石坦村的夏夜星空之美。

体现"七夕"这个传统节日的文化价值和意义。

活动时间：每年七夕节开始，时长 2 周。

◎ "星语心愿"——许愿活动

在古代，人们常将自己的心愿用丝巾系在许愿树上，以期待它能早日实现。

在国外，人们常将自己的心愿放进漂流瓶，放入大海，期望能够梦想成真。

在黄石坦，星空下许愿，让星星把你的愿望传递到天空，闪耀在夜色里。

活动地点：情人台、观星台。

活动方式：观星台上，在"星语"便利贴上写下自己的愿望与祝福。

贴在"星愿墙"上，或折叠保密投进"星愿瓶"中。

在情人台，许下爱的誓言，系一把锁，拴住爱的美好。

◎ 闲庭观星游——夏季观星指南

古朴民居，醉美乡愁，游览通山风情村湾，重拾儿时美好记忆。浪漫观星，银河谷楠竹叠翠，山泉淙淙，黄石坦入夜，星光璀璨，遐思无限。

闲庭观星游：栖山云雾庭—听溪台—百草居（中餐）—怡情桥—花海—情人台—晚餐—观星台。

◎ 专星购——星空节专属商品

把星空带回家——星空瓶；

摘星——星星折纸；

星福满满——星星御守。

（4）活动推广

◎前期宣传

微博、微信等发文进行前期宣传，告知星空节时间、地点等。

◎活动期间

官方微博、微信等信息实时更新动态。

拍摄抖音小视频。

◎活动后期

微博、微信等发布此次活动总体情况。

4. 野果采摘节

秋初板栗熟，漫山遍野的猕猴桃，

摘水果、品果鲜、吃最正宗的土菜，

"果"色天香、美食荟萃。

观光旅游、水果采摘、农耕文化体验，

在诗情画意里，

感受一份"采菊东篱下，悠然见南山"的情调。

呼吸着丰富含氧量的空气，

释放着都市生活的压力，

让身心都找到一个慢下脚步的理由，

感受秋收的喜悦，正是此次活动的夙愿。

（1）活动主题

寻梦田园。

（2）活动时间

每年9—10月周末。

（3）活动内容

◎欢乐小采摘

游客可以感受秋天大自然的美妙，体验自己采摘的乐趣。

◎趣味小游戏

在活动现场增加"身材挑战门""寻找板栗王"等游戏环节。相较传统单调的纯采摘，游客的游玩过程更丰富有趣，给人留下深刻印象。

◎静观小风光

参观种植园林、菜园和梯田。为游客安排导游，为游客讲解农民劳作的种植细节，增加农耕文化的认知。

◎美味小尝果

有新鲜猕猴桃汁、猕猴桃和板栗尝鲜，还有现场水果沙拉和糖炒栗子。

◎采购小赶集

活动时间内，特价售卖蜂蜜、猕猴桃、板栗、笋、番薯、杨梅、野菜等，来黄石坦村玩，当然不能忘记把最地道、原生态的农副产品带回家。

（4）活动推广

◎前期宣传

微博、微信等发文进行前期宣传，告知野果采摘节时间、地点等。

◎活动期间

官方微博、微信等信息实时更新动态，拍摄抖音小视频。

◎活动后期

微博、微信等发布野果采摘活动总体情况。

（二）民宿村品牌宣传

1. 互联网 +

e 住宿：采用 OTA 模式，与各大旅游平台合作，发布民宿信息，提供预购民宿渠道。

e 厨房：民宿小程序上，提供预约或选择的渠道。游客可提前预购食材，选择由自己烹饪或是民宿主提供三餐。

e购物：开设民宿村官方微信商城、微店等平台，宣传民宿村产品品牌，出售当地手工艺品、农产品等。

e游记：开设民宿村官方微信公众号，发布黄石坦民宿村及周边地区的旅游攻略。

2. 特色营销

（1）微信小游戏：石上山舍乌托邦——食趣石代

◎游戏内容

在微信小程序中推出游戏，以石锅料理为主题，DIY食材，打造自己专属美食。

◎游戏方式

完成游戏后，填写资料，在公众号中注册会员，可领取一张石头宴美食抵用券；分享游戏成果到朋友圈，可享受黄石坦民宿75折优惠。

（2）"七夕情人节"微博话题运营

在星空下邂逅爱情乌托邦——"乐拍免费住"

◎活动内容

在微博上发布活动通知，网友自行发布与七夕相关的短视频或照片到微博平台，附上#在星空下邂逅 爱情乌托邦#话题，并@黄石坦官方微博。

◎活动方式

转发抽奖：转发活动微博，随机抽取5名幸运者享受免费住黄石坦民宿2晚。

"乐拍免费住"：参与话题讨论，点赞数前5名享受免费住黄石坦民宿2晚和精美小礼物。七夕当天，在微博平台上公布获奖作品，同时优秀作品将由活动组推广，以获得更广泛关注，获奖者可在一周内领取奖品。

（3）黄石坦×"邂逅乌托邦"体验活动

民宿预订平台不只提供房源，还提供体验。提供不一样的住宿生活，在体验区享受乌托邦路线。

◎活动预热

户外："邂逅乌托邦"开始定点投放。

官网：设置活动专题板块，下设活动介绍。

微博：发起话题＃邂逅乌托邦＃讨论，微博进行图文评论转发，并＠官博，带官网报名链接。同时公布幸运家庭名单，用微博扩大传播量。

微信：公众号发布推文，带官网报名链接。

◎活动方式

在相关民宿预订平台特设板块进行报名，并进行投票，选取你最爱的路线。

正式出行（每周末），完成活动后，可获得黄石坦民宿75折优惠券。

3. 纸媒宣传

（1）发行《石上山舍乌托邦》宣传册

宣传册内容包括民宿介绍、精美图片，附上黄石坦民宿微信公众号及二维码，近期优惠介绍，与旅游公司合作，将宣传册发行。

（2）设计《石上山舍乌托邦》海报

设计相关海报，并投放于：火车站、汽车站、公交站等地。

（3）在当地报纸发布黄石坦景区的新闻报道

利用省县级领导视察新闻以及景区开发状况的报道，吸引当地游客。

坪上云间阿那亚

——坪上云居民宿暨坪上十景活动策划方案

选题来源： "建行裕农通杯"第五届浙江省大学生乡村振兴创意大赛—招标村—产业

创意类

项目负责人： 浙江树人学院人文与外国语学院　2019级网络与新媒体专业　马晗莹

团队成员： 龚凯欣　李莹莹　朱晨妍

指导教师： 叶　菁　马妍妍

一、 乡村基础研究

（一）总体概述

1. 交通区位

浦江县，隶属浙江省金华市，位于浙江省中部，金华市北部，距离坪上村约 39 公里。距离村庄最近的客运中心为浦江汽运中心客运总站，车程 1 小时 10 分钟左右。自己驾车从浦江县城出发，大概 40 分钟的车程。距离杭州市车程约为 2 小时，可以从杭州东或杭州南站出发。

冷坞村位于浦江北部山区，隶属于中余乡，坐落于中余乡南部，是"浙江省生态文化基地""全国生态文化村"，整个村落森林资源丰富，林木绿化率高达 91.53%，森林覆盖率也达到了 90.27%，其村落四面环山，因地势较高，常年温度比浦江城区低不少。冷坞村距离县城 32 公里，离乡政府驻地约 3 公里处，镶嵌于大山之中，沿罗源溪、淡竹溪谷呈西南 – 东北方向倒 Y 形分布。下辖冷坞、坪上 2 个自然村。

坪上村位于淡竹溪源头，是浦江中余乡冷坞村的自然村，坐落于群山环抱的高山坪地上，海拔高度 500 米，被戏称"深山冷坞又一村"。坪上村位于中余乡最南端，北边与"花谷冷坞"连景成片，往南与郑宅镇的江南第一家距离不足 10 公里，朝西南距岩头镇礼张村大约 7 公里，离东南边白马嵩溪仅 5 公里。

2. 自然环境

整个村落森林资源丰富，森林覆盖率极高，绿意盎然，自然环境清幽，生态保护完整，动植物种类繁多。四面环山，海拔较高，常年温度比浦江城区低不少，因凉爽而得名，空气清新、质量优越，由于海拔高雨天后经常云雾缥缈。村前有清澈的水池，池中泉水常年涌动从不枯竭、冬暖夏凉，是天然的游泳池。大山中许多巨石千奇百怪。山中有一古老的采石场，刀割斧雕，道道凿痕清晰可见，深数十米，完整的保存老前辈们取石材的场景。

3. 历史文化

竹林庵：淡竹岭的岭头有一座寺庙，古时名为竹林庵，现改名竹林讲寺。现在那里住着十几位由天台宗僧人组成的僧团，晨钟暮鼓，香火鼎盛。这个寺庙历史悠久，已逾千年。咸丰年间，竹林庵中居住着五位尼师，当时的主持叫慧能。慧能见多识广，精通医术，乐善好施，时常为当地百姓答惑解疑。当时淡竹岭来往行人众多，但路陡山险，草木茂盛，常有行人受伤，再加上路途遥远，行人往往行至途中便觉得口渴难耐。于是每到夏日，竹林庵边的竹林亭中总会放着一桶凉茶，里面浸泡着一种名唤六月雪的解暑中药，供过往行人饮用。来来往往的行人有感于此，也时常带些供养作为回报。

淡竹岭古道：村子南边，是全长约有十华里的淡竹岭古道，这条古道修筑于清朝咸丰同治年间。为了方便过往的行人，当时竹林庵的主持慧能尼师联系了当地的乡贤，发愿修筑这条从郑宅镇金泥村至中余乡冷坞村的山岭。在当地尼师、殷商善人和老百姓们的大力支持下，这条用青石板铺设的古道自清咸丰十一年（1861 年）开工，经历了 12 个春夏秋冬，于清同治十一年（1873 年）竣工，从此险路变坦途，当地百姓无不交口称赞，欢欣不已。

顾石盼大力士：相传，顾石盼是当地有名的大力士。淡竹岭古道重修施工时，顾大力士一个人挑 2 块石板，健步如飞。为了表示对大力士的敬重，负责修路的师傅们会在顾大力士挑的石板上刻一个"×"符，盼望大力士能多挑几担，加快铺路速度。久而久之，大家都叫顾大力士为石盼了（意喻盼望石板）。山道完工后，在众位乡绅的力荐下，县老爷聘请顾石盼为当地土地神，并在古道的山岗上立碑建了一座土地庙。时至今日，很多石板都已剥蚀，但我们还能依稀见到石板上留下的"×"印记。虽然如今的古道在现代交通中的作用已经微不足道，但是它却承载着厚重的历史，记录了前人的善良和勤劳，使之成为我们不可抹去的记忆。

浦江民间艺术：浦江乱弹，浦江乱弹是一个古老的传统戏曲剧种，是浙江婺剧的主要声腔之一；浦江剪纸，浦江剪纸融合南北方剪纸的特点，在中国剪纸中独树一帜；浦江板凳龙，浦江板凳龙是一种汉族民俗舞蹈，是用一块块凳板串联而成的游动的龙灯，盛行于浦江县乡村。其中浦江乱弹和板凳龙被列入国家级非物质文化遗产名录。

4. 著名景点

著名景点类型及代表，见表4-4。

表4-4 相关代表景点情况

旅游资源类型	代表
自然景观	古井、黄泥岭、仙女池、情人谷、罗源溪、怡心池、古石矿、麒麟喷火
田园风光	梯田、桃花林、美丽田园
建筑风貌	坪上云舍、竹林庵、山巅露台、竹林讲寺、怡心亭
历史遗存	红军洞、山路十八弯、淡竹林古道、薛氏宗祠、义德堂、马氏宗祠、邵氏祠堂

5. 周边景点

周边景点情况，见表4-5。

表4-5 周边景点情况

仙华山	国家 AAAA 级旅游景区	浦江仙华山风景名胜区是以山水文化和儒家文化及宗教文化为内涵，以山顶峰林为特色，融人文景观与自然景观于一体，以观光览胜、休闲度假为主要功能的风景旅游区
江南第一家景区	国家 AAAA 级旅游景区、全国重点文物保护单位	江南第一家是浙江省廉政教育基地、浙江省爱国主义教育基地、浙江省首批中小学生研学实践教育基地。江南第一家又称郑义门，有牌坊群、廉政展馆、郑氏宗祠、白麟溪"十桥九闸"等主要景点
中国诗人小镇	AAA 级景区	中国诗人小镇，位于浙江金华。 中国诗人小镇位于大畈乡上河村。中国诗人小镇如诗如画，宜居宜游，是一个街在景中，景在街中的美丽乡村，是休闲度假、浪漫旅游、颐养身心的绝佳场所

6. 本地特产

（1）特色小吃：冷坞麻糍、手工面、手工麦饼、木莲豆腐、择子豆腐。

（2）农产品：黄桃和黄桃制品、竹笋、高山云雾茶、豆腐皮、土法晒制腊肉、土法烧酒、笋干等。

（3）手工艺品：竹编、剪纸。

（二）村庄现状

1. 道路交通

（1）进村公路数量单一，仅有一条，交通不便，现已在修建第二条公路；

（2）村内道路连贯，建筑层层错落，各层级之间还设有楼梯方便行走；

（3）村口设有停车场，基本满足游客停车需求，如图4-16所示。

图4-16　村口停车场

2. 基础服务

（1）成立村集体公司，统一负责宣传、接待和分配客源，各民宿主负责各自民宿内部的环境卫生和后勤服务；

（2）设有公共的户外活动设施和停车场，户外活动设施有篮球场、户外健身器材等；

（3）村内设有游客接待中心，但已不营业。设置了一定数量的导览标牌与安全警示标志，并设有景点指示牌，如图 4-17 所示。

图 4-17　村内景点指示牌

（4）村内仅有一家小卖部，并同时经营餐饮，提供早、中、晚餐；

（5）夜间道路边和各民宿设有一定数量的照明灯，但无法满足夜间照明需求。

3. 文化活动

（1）已有一些基本的乡村民俗体验活动，走古道、篝火晚会等；

（2）周边修建古祠、古寺，如"清渭堂"，具有较高的历史文化价值，如图 4-18 所示；

（3）村庄内每户人家门口都标有不同的家训，家族文化深厚；

图 4-18　清渭堂

（4）举办"花漫冷坞"开游节、农民文化艺术节等节庆活动。

4. 环境卫生

（1）各宿主定期整治，由民宿互助小组的组长定期负责上门检查民宿内部卫生和服务情况，打造一户一景的卫生环境；

（2）整体卫生环境一般，道路边存在一定程度的乱丢乱扔现象；

（3）村内放置了分类垃圾桶，但公共垃圾桶数量极少，不能满足卫生要求；

（4）村内和景点公共厕所数量极少，没有形成一定数量的规模；

（5）有修建围栏等安全设施，道路两边有布置花草景观，如图4-19所示；

图4-19　村内道路

（6）村庄内有一定的水系流通，山顶建有小型水库，但缺乏稳定的水资源。

（三）营销传播现状

1. 网站

该村设有"金华市浦江县中余乡冷坞村"的官网，但现已无法打开，村庄的主要网站信息来源于"浦江县人民政府"官网，"搜狐网""澎湃新闻"等新闻网站，缺少自有网站。

2. 微信

该村设有"坪上云居民宿"的相关公众号，该公众号曾发布坪上云居相关推文2篇，但之后不再更新内容。浦江当地的微信公众号和一些自媒体视频号中，可以找到部分相关推文，如"诗画浦江""浦江发布""冷坞花谷"等，但基本都是多年前的老旧信息，缺乏官方发布或及时更新的信息。

3. 微博、小红书

相关内容基本来自一些私人用户，提及数少且展现量低，缺少官方自有账号的建设和运营。

4. 美篇、抖音

主要信息来源于一些自媒体或者村民本人发布的介绍和游记，内容数量少且单调，缺少官方或游客发布的较为详细的介绍。

（四）总结

1. 环境清幽怡人、历史文化悠久，缺乏文化系统挖掘和品牌特色打造。

2. 海拔较高缺乏固定的水系资源，和别的村庄联系密切，但只有一条公路与外界连接，旅游资源丰富，落后交通条件成为阻碍游客前来游玩的重要原因之一。

3. 前期建设具有初步成效，但各项基础设施有待完善，景观环境等更需要进一步系统整合和脉络梳理，在人才、水系和交通方面较为匮乏。

4. 当地民宿品牌推广内容较少，无论是微博、微信、小红书和新闻网站等，都较为分散，暂无较为权威、专业的宣传渠道。

二、民宿基础研究

（一）现状概述

截至 2021 年，在村干部和乡政府的领导下，坪上村已全部完成旧村改造，建设并投入运营了 15 家民宿，在建 3 家。经过几年的经营，众多慕名来自杭州、上海的游客反应效果良好，生意十分红火。但由于交通相对不便，民宿配套设施还不完善，宣传影响力不足，同时，由于疫情，整体经营受到较大影响。

（二）主题现状

坪上村建村 600 余年，共 43 户、人口 135 人，旧村改造 2016 年动议，2017 年动工，并于 2018 年底完成主体建设。2019 年开始，利用现有地理、文化优势发展民宿产业，并取名为"坪上云居"。"坪上云居"民宿作为主人的归乡造园梦，是专业团队设计的民宿标杆。依托周边的"青山绿水"，以古韵清幽、养生休闲为主题，"用一家民宿，带动一个村落"，打造隐居在山林间的云上世外桃源，吸引游客入住，如图 4-20 所示。

图 4-20　坪上云居

利用当地的地理环境，"坪上云居"民宿群依山而建层层叠叠，错落有致。通过改造建筑外观、内部的装修设计和周边景点环境的提升。通过鲜明的建筑语言，既继承了传统的白墙黑瓦又采用现代的几何图形，屋与屋之间相互交错又相互呼应，巨大的石墙和独特的房型有机地结合在一起，将当地原生态的自然和历史文化融入其中，打造现代版的"桃花源记"。

目前民宿周边交通不便，运营宣传方面较少，风格一致，无特色主题，缺少特色设计，同时，民宿运营缺少一定的青年人才留驻，还缺少民宿外的联动活动吸引游客。

（三）运营现状

1. 截至 2021 年，建设并投入运营了 16 家民宿，在建 2 家。2021 年，"坪上云居"民宿群已接待游客 8500 余人次，为村民增加收入超过 130 万元，户均收入超 35000 元，村集体收入超过 13 万元。

2. 主要以个体运营为主，成立村集体公司，统一负责宣传、接待和分配客源。所得收益除了按客人人数收取固定服务费之外，其余部分全部归民宿主所有，既保证了村民利益，也增加了集体收入。

3. 客源主要来自朋友圈以及朋友口碑推荐，回头客较多。

4. 民俗硬件设施如空调、电视、热水和卫生间等齐全。卫生状况良好，但还有待改善。民宿运营多以老年人为主。民宿情况详见表 4-6。

表 4-6 坪上村民宿情况汇总

名称	是否运营	经营项目	标间数	大床房数	房间总数	床位总数
坪上云居 2 栋	是	餐饮住宿	2	1	3	5
3 栋	是	餐饮住宿	2	2	4	6
8 栋	是	餐饮住宿	5	0	5	10
9 栋	否（审批中）	餐饮住宿	2	2	4	8
12 栋	是	餐饮住宿	6	2	8	14
15 栋	是	餐饮住宿	8	0	8	16
18 栋	是	餐饮住宿	0	5	5	5
21 栋	是	餐饮住宿	4	1	5	9
22 栋	是	餐饮住宿	5	2	7	12
23 栋	是	餐饮住宿	3	2	5	8
24 栋	是	餐饮住宿	5	2	7	12
27 栋	否（审批中）	餐饮住宿	5	0	5	10
28 栋	是	餐饮住宿	4	1	5	9
29 栋	是	餐饮住宿	6	0	6	12

名称	是否运营	经营项目	标间数	大床房数	房间总数	床位总数
32 栋	是	餐饮住宿	0	2	2	2
33 栋	是	餐饮住宿	4	1	5	9
34 栋	是	餐饮住宿	5	0	5	10
36 栋	是	餐饮住宿	3	2	5	8
总数			69	25	94	165

（四）设计风格

1. 民宿的房型有一定的设计风格，但是设计风格大都一致，缺少设计特色。

2. 民宿的内部布局大都一致，比较单一，缺少主题和独特性。

3. 整体外观体现后现代风格，内部布局与外观对比形成违和感，两者风格各不相同。

4. 民宿房间空调、电视、热水等设备齐全，但是装饰过于简单，缺少特色和吸引力。

5. 民宿缺少具有记忆点的名称，民宿的名字以数字为代号，缺少辨识度。

6. 民宿仅提供餐饮和住宿，缺少联动活动吸引游客，如图 4-21 所示。

图 4-21　民宿

（五）现状总结

1. 民宿群数量已初具规模，地理位置相对集中。

2. 民宿群周边基础设施相对完备，须提高质量。

3. 民宿总体无固定品牌，有统一运营但不完善。

4. 民宿整体外观风格统一，缺少内部主题设计。

5. 民宿群缺乏权威官方号，营销宣传力度不够。

6. 民宿运营模式较固定，且缺少青年人才资源。

三、乡村总品牌定位

（一）SWOT分析

SWOT 分析见表 4-7。

表 4-7　SWOT 分析

S（优势）	W（劣势）
1. 山水资源丰富，旅游资源类型多样，农产品品类繁多 2. 地理位置特殊，环境清幽，夏日避暑，冬日赏雪 3. 基础条件尚可，民宿体量基本形成 4. 生态保护良好，天然氧吧，泉水养人	1. 民宿配套设施不够完善，留守人群年龄较大 2. 旅游业未形成规模化，游客零散 3. 交通条件不够完善，道路基础差 4. 宣传未成体系，宣传投入少
O（机遇）	T（挑战）
1. 互联网平台为民宿品牌宣传提供时代契机 2. 个性化旅游消费观引导更多年轻群体客源 3. 乡村振兴战略为农村发展带来更多的机遇 4. 市场需求多样化为品牌发展寻求更多可能	1. 文化特色不够突出，文化产业较落后 2. 民宿运营尚待完善，核心竞争力较弱 3. 民宿市场种类多样，市场竞争力较大 4. 民宿宣传依赖网络，缺乏专业人才 5. 民宿受疫情影响大

（二）品牌定位

1. 品牌名称：坪上云间阿那亚

走出喧嚣城市，感悟山水灵性，觅得一方悠然天地，

且看云海变幻莫测，

且听禅音渺渺飘来，

且品午茶沁人心脾，

且尝蜜桃软糯多汁，

且游山川诗意如画。

在这里，食一碗人间烟火，饮几杯人生起落，

体验云间的世外桃源，

找回自我，回归本心。

2. 品牌理念

一半烟火，一半诗意，

一间间民宿与山水景观融合，

溪流潺潺，竹林排排，古道悠悠，

是大自然赋予的宁静与喧嚣。

从城市来，奔赴山川去，

观竹、品茶、赏花、品物，

感受一份山野的灵气，

追寻诗和远方。

听山川把风酿成千言万语，

吹进你心中的阿那亚。

（三）品牌策略

1. 核心理念

总体形象重塑——云、茶、竹、桃花元素的民宿建筑与山、水元素的景观特色。

文化场景赋能——积极挖掘当地特色民俗文化，展现民俗演绎和开发田园农耕研学路。

项目活动一体——坪上村整体旅游项目策划，特色景点和重点活动节日项目打造。

特色产品营销——当地特色化乡村农产品与文创产品进行设计打造与媒体营销。

2. 实施策略

（1）民宿品牌化

依托当地现有民宿群体，挖掘当地特色文化与民俗，打造系列民宿品牌，打响民宿知名度，向"银"宿、"金"宿发展。

（2）景观系列化

结合当地现有景观、旅游线路，推出特色"4＋6"系列景观，即季节性景观和全年性景观。融入时间、空间，打造一步一景的全面景观点。

（3）管理专业化

将民宿、景点、宣传的管理交给专业团队，提升"坪上云间阿那亚"品牌整体性，使游客得到更为专业的服务。

（4）非遗传承化

将当地非物质文化遗产进行挖掘延伸，打造独特旅游体验，让更多人了解非遗，深入非遗，使非遗得到传承。

（5）服务全面化

"坪上云间阿那亚"品牌整体服务包含衣、食、住、行等多方面，致力于让游客感受全方位的特色服务。

（6）乡村年轻化

"坪上云间阿那亚"的品牌建立，增设了很多岗位供年轻人选择，吸引年轻人回流，帮助品牌长远发展。

（四）品牌形象

设计方向 1：以山水等自然景观为依托，再加入山水中国画的元素，以自然风光为主题，打造坪上村的整体自然形象地 Logo。

设计方向 2：结合民宿主题定位，以云、竹、茶、桃花为依托，再切合相关活动，构建一步一景的民宿村世外桃源 Logo 形象。

设计方向 3：结合景观三种特色风格，主要体现归隐山水的世外桃源形象，打造专属不同类别景观的 Logo 形象设计。

四、 乡村品牌实施方案

（一）客户定位

各年龄段各层人群，主要以年轻人群为主。

各类人群，自然旅游爱好者；古风古韵爱好者；向往自然生活的家庭亲子团；田园生活爱好者。

多种模式组合，有个人式、家庭式、亲友式、情侣式、挚友式、养老式等。

（二）乡村品牌体验系统

1.食

餐厅模式——特色农家乐。

共享厨房模式——提前预订食材，自主烹饪。

特色小吃模式——结合景点风格，出售特色小吃。

2.住

特色化民宿，拥有茶、竹、桃等元素的特色主题民宿。

3. 饰

系列特色民宿服饰预订；平台线上旗袍租赁。

4. 行

民宿村专车服务；共享自行车辆、观光车辆服务。

5. 游

特色旅游景观；特色节日庆典；特色美食；特色游线体验。

6. 赏

春赏桃林；夏赏花海；秋赏麦田；冬赏雪景；赏日出云海；观幽林古寺；早赏日出；晚赏星空；赏竹馆；访古寺；踱古道；驻茶山。

7. 购

非遗竹编手工艺品；非遗剪纸手工艺品。

特色农产品：黄桃系列；石斑鱼系列；竹笋系列；云雾茶系列。

打造线上线下同步出售购买。

8. 乐

乐农耕；乐田园；乐山水；乐禅意；乐民俗。

（三）建筑景观场景系统

1. 建筑特色

白墙黑瓦 + 山水云田 + 云茶竹桃。

外部建筑采用统一的白墙黑瓦的样式，内部设计将周边主要特色景物，云、茶、竹、桃花元素融入其中，打造特色主题房间。将相关元素饰品装饰应用到内部房间的墙绘、家具等各处。建筑特色元素与外部的山、自然景观有机融合，打造一步一景的幽静生活。

2. 景观特色

诗画山水 + 一花一叶 + 仓箱可期。

（1）"诗画山水"： 走古道、观云海日出、泛舟等活动一步一足迹都在刻画着属于坪上自然村的山水诗意，感受自然的真谛。

（2）"一花一叶"： 在古亭、古寺、桃花林坐禅、祈福，一花一世界，一念一清净，静下心，与自然融合。

（3）"仓箱可期"： 体验百果园、茶园、桃园、梯田水稻不同季节中丰收的美好，感受坪上村的人文底蕴。

3. 活动特色

由十个景观延伸出十个特色景观活动和四个特色节日，打造全时节、全年度的活动体系。针对不同客群，结合相关文化和景观设计，打造专属的旅游路线。

（四）乡村特色产品与服务体系

1. 坪上云食——农产品

（1）野生黄桃系列：黄桃干、黄桃罐头、黄桃果酒、黄桃奶茶、黄桃汁；

（2）野生石斑鱼系列：石斑鱼干、清蒸石斑鱼、烤石斑鱼；

（3）野生竹笋系列：笋干、竹笋泡菜、腌笋；

（4）野生茶叶系列：茶饼、茶叶。

2. 坪上云居——民宿产品

民宿产品共分为"茗人""竹间""桃居"三个系列，每个系列的特色和价格有所区分，可满足不同需求的客人。

3. 坪上云饰——服装产品

特色节日庆典服饰；特色旗袍、中山装。

4. 坪上云行——出行服务

共享单车租赁；景区观光车租赁；管家式定制出行服务。

5. 坪上云景——景观产品

桃林、花田、梯田、仙女池、古亭、古道、古寺、茶馆、竹编馆、日出。

6. 坪上云游——活动产品

（1）四大节日：品茗节、桃花节、旗袍节、祈福节。

（2）十大活动："无痕露营"活动、"自然满屋"活动、"湖心观鱼"活动、"稻田瑜伽"活动、"桃缘祈福"活动、"花田露营"活动、"巧手大师"活动、"好运祈福"活动、"书法花束"活动、"茶与茶食"活动。

（3）特色量身旅游线路：家庭式、情侣式、养生式、青年式。

7. 坪上云创——文创产品

竹编：竹编碗、竹编扇、竹编篮、竹编包等。

剪纸：窗花、纸灯笼、剪纸画。

8. 坪上云购——购买服务

线下：通过民宿主、景区、节庆活动中自行购买。

线上：通过直播间或官方购物店铺购买。

（五）乡村旅游线路

1. 适合家庭出游线路

花田—桃林—特色餐厅—湖心亭—梯田—特色餐厅—花田。

拍照打卡、摘黄桃、吃土家菜、游湖、堆草垛、插秧体验、抓泥鳅、吃石斑鱼，体验田园亲子共行乐趣。

2. 适合情侣出游路线

树屋—日出观景台—花田—桃林—寺庙—古亭—花田。

住树屋、无痕露营、打卡网红花田、祈福许愿、制作桃花食品、烧香祈福、露营，体验自由双人的一天。

3. 适合年轻群体线路

日出观景台—树屋—古道—特色餐厅—桃林—茶馆—花田。

看日出、看云海、住树屋、观绿林、走古道、识自然、吃农家菜、与桃花合影、做桃花制品、品茶点、花田露营，体验忙碌又充实的一天。

4. 适合老年群体线路

茶馆—古道—寺庙—特色餐厅—湖心亭—竹影台—梯田—温泉。

喝茶、吃茶点、走古道、寺庙祈福烧香、吃农家菜、采水果、观鱼、练字、打坐养生，体验亲近山水的一天。

（六）运营模式

3 个系列民宿 +4 个特色节日 +10 个打卡景观 +10 个景观活动，由村委会和专业团队共同管理与运营。

1. 政府：提供用地和政策支持，给予一定的财政支持。

2. 运营公司：对坪上云间阿那亚品牌的所有民宿、景观和活动等统一联合且专业的运营管理。

3. 村委会：对村内基础设施建设，对景观点、活动场所进行基础维护。项目的外包策划决议，给予一定政策支持。

4. 农民 / 民宿主：参与民宿、活动的运营，可享受民宿村的运营分红；在民宿、景观活动获得岗位，得到收入。

五、 专项策划

（一）民宿策划

1. 云连晓雾的坪上云居——云轩系列

流岚飞翠，深云浮白。

走在山雾间，睡在云湾边。

温一壶玲珑酒，山月为枕，薄露作被。

以山峦为耳，以飞鸟为目。

去远山，见天地，

漫送云卷云舒，浅品心之所向。

云轩系列的民宿包括：烟杪、远岫、晴空、舒卷。

云轩系列的民宿价格：1099 ～ 1299 元（单间或整栋出售）。

民宿置景：

（1）整体风格以朴素为主，结合现代科技设施；

（2）内部添加云元素，绘云图案；

（3）家具以木制为主，加落地窗设计；

（4）民宿外置小型泳池，以山林为景，加以云形竹编艺术装置。

相关设计可参照图 4-22 所示的云轩系列民宿设计。

图 4-22　云轩系列民宿设计

2. 贮月煎茶的坪上云居——茗亼系列

一壶清茶品人生，半卷闲书观古今。

微风拂去凡尘事，细雨正好润禅心。

春日何以醒？清风唤鸟鸣。春光何以醉？云雾引芳菲。

芳香清意府，碧绿净心源。

茗亼系列的民宿名称包括：芳芽、碧霞、晒青、翠螺。

茗亼系列的民宿价格：799～999元（单间或整栋出售）。

民宿置景：

（1）整体装修以简约新中式为主，融合现代美学；

（2）在客房里引入山泉水，配备高山云雾茶和精美茶具；

（3）多使用木制品；

（4）在民宿外部设置小茶园。

相关设计可参照图 4-23 所示的茗亼系列民宿设计。

图 4-23　茗亼系列民宿设计

3. 竹烟波月的坪上云居 ——竹间系列

走在竹林里，沿石阶而上。

竹海翻涌，青墨一色。

且听山泉潺潺，松涛阵阵。

凛冽的竹香萦绕鼻尖，依稀带着露水的清冷。

雾未彻，

于烟霞氤氲处，细碎的风弹拨着竹弦。

万顷翠色中，悄然醉去，未曾晓今夕何年。

竹间系列的民宿名称包括：若竹、幽篁、朗轩、浮筠。

竹间系列的民宿价格：499 ～ 699 元（单间或整栋出售）。

民宿置景：

◎ 在院子里种上小面积的竹子，形成竹墙；

◎ 民宿内部的家装以竹制品为主；

◎ 民宿客房布置可采用竹元素的床单被套、背景墙等；

◎ 民宿的门为竹制小门；

◎ 在外面布置石板小路。

相关设计可参照图 4-24 所示的竹间系列民宿设计。

4. 云下桃蹊的坪上云居——桃居系列

春在枝头，桃花已盛。

桃之夭夭，灼灼其华，

似等故人来，

绿意盎然的山林，

图 4-24　竹间系列民宿设计

粉红似火的桃花，

桃花漫山遍野，

踏步于花海之中，

让心灵感受到无限的活力与轻松。

桃居系列的民宿名称包括：桃夭、桃梦、桃隐、桃仙。

桃居系列的民宿价格：399 ～ 599 元（单间或整栋出售）。

民宿置景:

◎ 将桃文化和古风元素融入建筑内部设计的各个方面;

◎ 将桃文化的字画、装饰等融入民宿的墙面、家具、装饰品等各处;

◎ 民宿内部整体风格体现田园风,空间追求简洁和明亮;

◎ 在民宿外面种植一片小桃林,在民宿墙上绘制桃花元素的图案,整体营造桃文化,体现桃花源的特色。

相关设计可参照图 4-25 所示的竹间系列民宿设计。

图 4-25　竹间系列民宿设计

（二）十景策划

十个景观旅游打卡点（4＋6系列）：4个季节性＋6个全年度，详见表4-8。

表4-8　相关景点最佳观赏时间

序号	名称	景点	最佳观赏时间	景观类别
1	桃林仙踪	桃林	春季	植物景观
2	四季彩丘	情人谷	夏季	山谷景观
3	沧海桑田	梯田	秋季	田园景观
4	湖心观雪	仙女池	冬季	水域景观
5	日漫云海	日出	全年	气象气候景观
6	古径通幽	古道	全年	历史遗迹景观
7	浮山云堂	茶馆	全年	建筑与设施景观
8	拾掇·竹里	竹编馆	全年	建筑与设施景观
9	竹林讲寺	寺庙	全年	宗教建筑景观
10	竹影绰绰	古亭	全年	历史遗迹景观

1. 桃林仙踪

景点：桃林。

桃花浅深处，似匀深浅妆。走进一片桃林，桃花似海，春风拂面，犹如仙女散花，让人赏心悦目、神迷欲醉。

利用整片桃花林可以作为古装、旗袍拍照的打卡点。

2. 四季彩丘

景点：情人谷。

夏天是花朵种类开放最多的时候，但是其他时候也会陆续更替不同的花朵，每个时期都有不同的乐趣。

从夏季到秋季，不同种类的花卉竞相争艳。在起伏的山丘上，各色的花铺成彩色花链，令人目不暇接。可供游客打卡、拍照。

3. 沧海桑田

景点：梯田。

秋风起，金黄色的稻浪飘来阵阵芳香，携三五好友，走在稻田间，享秋天"遍地黄金黄""风吹麦浪稻花香"的特色梯田美景。

在稻田中设置稻香台，打造各种可爱模样和各种形状的草垛，形成网红打卡点，供人欣赏淳朴自然的风景，享受闲适宁静的田园生活氛围（春、夏、秋都可以游玩享受）。

4. 湖心观雪

景点：仙女池。

享"孤舟蓑笠间、独钓寒江雪"中般幽静纯美的特色雪景（冬日特有）。

湖心亭供游客观赏、打卡和拍照。

5. 日漫云海

景点：日出。

设置观日台，观"日破云海"的景观，可供游客打卡拍照。

"日破云海出，人间皆浪漫。"的景色，吸引更多热爱山水自然的游客，打造人与自然和谐相处的场景。

6. 古径通幽

景点：古道。

邀二三挚友，走百年古道，感受古韵清幽，远离城市喧嚣。

环境清幽，古色古香，适合拍照打卡。

融合周边景点，竹林庵、寺庙、茶园等，整合旅游资源，打造特色旅游线路。

7. 浮云山堂

景点：茶馆。

白色帐篷坐落在茶园之上，一眼便可望尽山清水秀，错落田间。近处是茶园，远处是山林，目之所及之处皆是翠绿，耳畔是悦耳的鸟叫，茶香氤氲在云雾缭绕的山间。

8. 拾捨·竹里

景点：竹编馆。

联合中国美院进行竹编艺术创作，布置成竹元素的展馆。

现代设计，搭配精致竹编艺术装置，打造网红打卡点。

开设竹编小物件手工体验课程，增加动手乐趣。

非物质文化遗产与现代艺术结合，焕发全新生机。

9. 竹林讲寺

景点：寺庙。

远离尘世喧嚣的幽静氛围，将竹元素与佛家禅意相融合，传播的更多是一种当地百姓向上向善的文化思想。

打造供游客烧香祈福的特色寺庙。

10. 竹影绰绰

景点：古亭。

借助自然竹林风貌，将书画艺术与竹元素相融合，迎合都市人对"慢生活"的需求。

打造游客向往的修身养性胜地。

六、营销传播

（一）十大特色活动

1. "无痕露营"活动——日漫云海

想享受晨曦的第一缕阳光，那就来露营吧。游客可租借帐篷露营在周边或直接入住山间树屋，本活动提倡无篝火、无垃圾、无污染，为坪上村守护一片绿意，如图4-26所示。

图 4-26　"无痕露营"活动

2. "自然满屋"活动——古径通幽

树屋建于山巅之上，隐匿于山林之中，藏身在云端之间，被树海包围。内部展出山上动植物的模型和介绍，馆内还设置 VR 科普活动，让用户身临其境体验生物在森林的自然景象，如图 4-27 所示。

图 4-27　"自然满屋"活动

3. "湖心观鱼"活动

游船在山水间，融于山水情怀中。你在观鱼时，心也能静下来。在这里可以观赏红鱼畅游在水中，还提供喂鱼项目，如图 4-28 所示。

图 4-28 "湖心观鱼"活动

4. "稻田瑜伽"活动——沧海桑田

亲近自然，享受自然的疗愈与快乐。在瑜伽的广阔世界里，在无限稻田中，让瑜伽与大自然共呼吸，让人舒缓心情，抛却烦恼，拾得新的人生体验（春夏秋都可以体验），如图 4-29 所示。

图 4-29 "稻田瑜伽"活动

5. "桃缘祈福"活动——桃林仙踪

桃花元素和祈福、姻缘相融合，打造求姻缘、祈福的胜地。春日可期桃花开，绚丽灿烂姻缘来。人生短短几十载，遇见对的人才不枉此生。趁现在桃花开得正盛，若有想法，可前往姻缘树，祈求姻缘和合，如图 4-30 所示。

图 4-30 "桃缘祈福"活动

6. 巧手"大师"活动——拾捨·竹里馆

漫步在拾捨·竹里，品味美院人的匠心制作，向专业匠人学习超 5000 年历史的竹编非遗技艺，体验竹编制作乐趣，如图 4-31 所示。

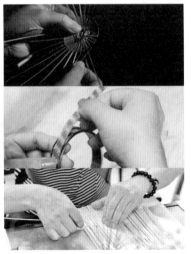

图 4-31 巧手"大师"活动

7. "好运加持"活动——竹林讲寺

穿过悠悠古道，进入竹林古庵，庵内香火缭绕，点上 3 根香，跪拜在佛祖面前，为孩子祈求学业顺利，为长辈许愿健康长寿，如图 4-32 所示。

图 4-32 "好运加持"活动

8. "书法花束"活动——竹影绰绰

盘坐于竹影台，手拿毛笔，蘸取墨汁，带着孩子一起体验书法之美；通过创意制作，如制作书法捧花、书法团扇，让书法艺术不再枯燥，如图 4-33 所示。

图 4-33 "书法花束"活动

9. "花田漫步"活动——四季彩丘

选个好天气，带上家人好友，夜幕降临，灯光氤氲中，暗香浮动里，傍晚或吹着风在田间散步，或在帐篷前的空地摇椅上畅谈、赏月、野餐，温馨与浪漫的氛围感拉满，如图4-34所示。

图 4-34 "花田漫步"活动

10. "茶与茶食"活动——浮云山堂

居翠林之间，伴田野微风。走进店面，顾客能在吧台上看到琳琅满目的茶叶。茶底可以任意选择，每杯饮品"一对一"现场冲泡、调制。饮茶当配点心，拈一块糕点，呷一口清茶，惬意而精致。人生忽如寄，莫辜负茶、点、风景和好天气，如图4-35所示。

图 4-35　"茶与茶食"活动

（二）四大特色节日

1. 品茗节

茶烟一缕轻轻扬，搅动兰膏四座香。

生活有茶香，灵魂有茶气。

挽一诗，与一山执手相约；斟一茶，与一水掬诚相见。

一壶清茶品人生，半卷闲书观古今。

春风拂去凡尘事，细雨正好润禅心。

许一半茶香，许一半时光，不负美好，不负自己。

（1）活动时间：每年 3 月至 4 月之间，为期一周。

（2）活动内容：

◎山野采春茶

遥望茶山云雾绕，茶香醉心人神往，若隐若现采茶女，茶山人歌入梦来。游客可以置身茶园，亲自体验采茶，听茶农细数茶叶种植、管理、采摘，如图 4-36 所示。

图 4-36 山野采春茶活动

◎炒茶

"手不离茶、茶不离锅、揉中带炒、炒中有揉、炒揉结合。"游客可以参观炒茶的过程，感兴趣的游客还可以尝试亲手炒制自己采摘的茶叶，如图 4-37 所示。

图 4-37 炒茶活动

◎茶艺表演

"日月光华入芽尖，蒙蒙漠漠香色绝。"一杯好茶不仅对茶叶本身和炒茶工艺要求高，还需要一双妙手巧烹煎。在体验了采茶、制茶后，游客还可以欣赏茶艺表演，并学习专业的茶艺知识，如图 4-38 所示。

图 4-38　茶艺表演

◎制茶品茶

"把茶盏品佳茗，悟人生修心性。"游客可以亲自体验制茶过程，在品茶与闻香过程中，接受大地的雨露，调和人间的纷解，求得明心见性、回归自然的特殊情趣，如图 4-39 所示。

图 4-39　制茶品茶

（3）活动推广

前期宣传：当地在抖音、微博、小红书等平台建立官方账号，并发布品茗节的相关推文和视频等；在自媒体平台发布和转发抽奖等推广活动。

活动期间：在官方账号实时更新活动进度，并预告之后的活动；直播期间的各项活动，使不能来到现场的网友也能感受活动氛围；

活动后期：在官方自媒体平台或新闻平台发布活动的亮点视频、推文；鼓励游客在自媒体平台发布游记，给予文案优秀的游客一定奖励。

2. 桃花节

阳春三月，桃花盛开。

树树流露，朵朵争艳。

春风轻拂，花香袭人，美不胜收。

携亲朋好友，赴一场与桃花的约会。

赏桃花、诵诗词、求姻缘、制玩意。

感受其中诗情画意。

（1）活动时间：每年 3—4 月，7—8 月，活动现场为期 1 周，一年 2 次。

（2）活动内容

3—4 月

◎桃林踏青野餐

"徜徉桃花林，漫步桃源径"。信步徜徉在绯红的花海中，去体验春暖花开的浓浓气息。游客可以穿着汉服和旗袍漫步在桃花林，打卡拍照，也可以在桃花林野餐。

◎情系桃缘，万人相亲会

漫山桃花，浪漫气氛环绕，为情侣提供一个充满爱之地。通过经典的两人三脚、心有灵犀猜词、她（他）眼中的你等小游戏，让感情升温。

◎桃花诗词大赛

面向全国，发布诗词大赛的信息，主要以诗词歌赋的形式歌颂我们美好时代，美好的桃花林。要紧贴桃花主题，意境优美，意味悠长；真情实感，传播正能量！获胜的人可以获得奖品。

◎制作桃枝插花

"满载桃枝归"，游客可以用当地人剪下的桃枝亲自制作桃枝插花，当地村民将修剪下来的桃枝加工成各种插花，或经塑封将较小的桃枝制成纪念品赠予或售卖给游客。

7—8 月

◎甜桃采摘

桃花四散飞，桃子压枝垂，桃子成熟后可提供游客黄桃采摘，采摘后的黄桃可以让游客带回家。

◎ "桃"你欢心

忙有所得，耕有所获。小小市集中，摆满了由黄桃制成的各色美食。游客可以逛逛市集，吃吃美食，买买特色农产品，感受丰收的快乐。

◎全桃盛宴

黄桃不仅可以制作饮品和甜品，也可以用来烧菜。在当地，人们巧妙地运用黄桃，将黄桃作为配菜放置于料理之中，制作全桃宴。游客可以提前预约品尝不一样的黄桃料理。

（3）活动推广

前期宣传：平台发布桃花节的图文内容，告知活动时间、地点和相关的活动内容；在携程、飞猪等 App 推出桃花节的宣传广告和优惠券，民宿预订优惠活动。

活动期间：通过官方微博、微信、小红书等进行活动现场实时动态更新，并预告之后的活动；在桃子采摘时邀请网红、大 V 开启直播，进行直播卖货。

活动后期：在抖音、微博、小红书等网站发布整个活动的亮点视频。让当地的新闻平台发布整个活动的状况。

3. 旗袍节

夏意犹未尽，忽觉秋以来。

秋风，雾霭，远山，与你。

赠卿以盛装，佩之以一刺绣。

每一针细线中，收藏了多少温柔的岁月。

每一颗盘扣中，锁住了多少静谧的往事。

着旗袍，绣品性，与亲友，游市集。

只叹东篱把酒黄昏后，有暗香盈袖。

（1）活动时间：每年 9—10 月（为期 5 天）

（2）活动内容

◎旗袍展会

游客须着旗袍或中山装参加展会，也可通过现场租赁的方式获取。这 5 天中，游客可着旗袍到各处景点打卡并拍照留念。和相关旗袍制作商联合展出旗袍，布置旗袍 T 台，科普旗袍知识，如图 4-40 所示。

图 4-40　旗袍展会

◎刺绣沙龙

意在让游客静下心来，感受一针一线在手上游走的感觉。邀请相关旗袍刺绣艺术家来现场教学，体验民族技艺的乐趣，发扬中国传统文化魅力。游客可通过提前报名和现场预约的方式参加，进行刺绣 DIY 创作，如图 4-41 所示。

图 4-41　刺绣沙龙

◎剪纸物语

浦江剪纸艺术具有悠久的历史文化。剪随心动，纸随剪动。以乐趣为主，适合亲子活动。现场提供纸张等相关材料工具，帮助游客创作，体验剪纸艺术。参与活动需要提前一天预约，如图4-42所示。

图4-42　剪纸物语

◎文创集市

集市也是一种文化传承的方式。打造以自然、本色、古韵为主题，立足于东方，传统与当代，传承与创新的生活艺术集市。邀请全国的匠人，将布艺、器具、手作、设计等融入其中。晚上还进行当地特色表演——浦江乱弹。游客可入场进行参观或购买心仪的文创产品；身着旗袍或中山服入场更适合打卡拍照，如图4-43所示。

（3）活动推广

前期宣传：官方账号发布推文和信息进行前期宣传，告知活动的时间、地点、内容和预约的方式等，同时发布往期视频、图片精彩合集。举办旗袍等古风元素的线上科普知识比赛，优胜者可获得民宿免单。

活动期间：在各新媒体平台的官方号进行现场信息实时动态更新和现场的图文、视频

图 4-43　文创集市

内容发布。推出"一张封神"照片活动，热度前三者可获得民宿折扣券。

活动后期：官方各大平台账号进行视频总结回顾。微信、微博等发放体验满意度问卷，收取意见和建议。

4. 祈福节

"每因雪戒断荤腥，

渐觉尘劳染爱轻。"

一年将止，携三两好友，

浴乎沂，风雩舞雩，咏而归。

旦日清晨，

手持三炷清香，穿越皑皑白雪，

于佛祖面前求愿。

（1）活动时间：每年 12 月至次年 1 月，活动现场为期 5 天。

（2）活动内容：

◎挥舞板凳龙：在祈福节的开幕仪式上，十里八乡的村民聚在一起祈求来年的风调雨顺。

◎山顶寻佛：坪上村往上走去，有一尊大佛。游客到山顶拜佛保佑。

◎佛寺供灯：游客可在红纸上写下祝福语，将写满祝福的纸糊在竹编灯笼上，可将来年的心愿许在灯中，将佛灯挂在寺庙，形成壮观的佛灯墙。

◎斋中妙宴：简单而丰盛的素食，搭配上祈福节的特殊仪式感，让吃饭这件事变得特别庄重、古朴、安逸。

◎心神共鸣：古朴典雅的禅房，远离尘世的纷扰。在这里游客可以静心冥想打坐，也可以手抄佛经，抑或是品味经书。

（3）活动推广

前期宣传：官方账号发布相关推文、视频进行宣传，告知活动时间、地点。在携程等App推出祈福节民宿套餐预订优惠活动。

活动期间：官方微博、微信等进行实时更新动态，预告活动内容；开启直播，邀请不能来到现场的网友进行"云祈福"。

活动后期：抽取参加直播活动的网友，送出祈福礼包并邀请参加来年的祈福节。在各大网站发布整个活动的精彩视频。

（三）特色营销活动

1. 和古茗品牌联名推出特色奶茶——黄桃乡村振兴限定系列

活动时间：7月初—9月初

活动内容：

（1）古茗品牌与坪上村黄桃联名推出特色黄桃果茶，在古茗门店售卖时，放置新品黄桃果茶的海报，并在海报上标注黄桃出处以及乡村振兴限定，在屏幕上播放"坪上云居桃花源"的宣传片。

（2）古茗官方在微博发起"古茗邀您摘黄桃"的话题活动，抽取幸运儿，获得"坪上云居民宿"免费体验及黄桃采摘活动，用户可以通过参与话题打卡，发布古茗坪上的联名饮品图片赢得抽奖机会。

2. 与周大福联名推出黄金桃花手链

在周大福门店推出春季限定联名桃花手链，购买周大福桃花手链享坪上云居民宿八折优惠，到本地打卡免费送桃花酥。

活动时间：3 月 10 日—4 月 20 日

活动内容：

（1）在周大福门店推出春季限定桃花手链，门店邀请明星在坪上云居的桃花林采景和拍照，制作桃花手链的海报和广告并在门店中发放和播放。

（2）周大福官方号和代言明星在微博写文案放视频进行宣传，购买周大福桃花手链可在线下凭小票抽奖享受坪上云居桃花源民宿的八折优惠。

3. 坪山云居最美打卡照

主办方联合小红书平台发起＃坪上云居最美打卡照＃话题活动，游客在坪上游玩后发布游记，并带上相关话题，在活动截止时获得热度最高的游客，可获得丰厚奖金。

比赛为期：20 天。

内容要求：

（1）围绕坪上云居的自然风景和民宿特色拍摄照片或视频，并带上＃坪上云居最美打卡照＃的话题。

（2）要求内容为原创，不得抄袭，具有良好的价值导向，且不得违反国家法律法规及各项规章制度。

（3）严禁数据注水，一经发现，取消比赛资格。

◎奖项设置：

本次大赛设置"最佳点赞王""最佳热度赏""最佳收藏奖"奖项。

最佳点赞王 1 名，颁发奖金 5000 元；

最佳收藏奖 2 名，颁发奖金 3000 元；

最佳热度赏 3 名，颁发奖金 2000 元。

（如果作品被官方采用作为宣传素材，官方将报销该游客游玩坪上所产生的相关费用。）

◎评分标准：

根据作品的点赞数、收藏数以及相关展现量，再加上数据审核进行统计。

4. "宣传金点子"大赛

主办方联合抖音等新媒体平台发起民宿 "宣传视频金点子"推广大赛。旨在对 "坪上云居"民宿进行对外宣传，同时为民宿宣传队伍招揽合适人才。

比赛为期：15 天。

内容要求：

（1）以宣传坪上云居的民宿生活为主要内容，每个视频必须带上 # "坪上云居"金点子大赛 # 的话题以及产品链接。

（2）视频内容不得违反国家法律法规及各项规章制度。

◎奖项设置：

本次大赛设置"最佳变现奖""最具创意奖""最受欢迎奖""最具文化内涵奖"。

最佳变现奖 1 名，颁发奖金和证书；

最具创意奖 1 名，颁发奖金和证书；

最受欢迎奖 1 名，颁发奖金和证书；

最具文化内涵奖 1 名，颁发奖金和证书。

（如果视频团队与主办方协商达成一致，可签订长期的视频宣传合作。）

◎评分标准：根据点赞数、收藏数以及变现金额数，加上评委评分进行分数统计。奖项不一样，各个环节占比分值也有所不同。

5. 假期研学实践调研活动

与周边大学联合，为学生提供假期调研场所和相关实习岗位。

活动时间：每年的寒暑假期。

活动内容：

（1）特色文化研学活动，让学生从浦江文化入手，调研坪上村的文化底蕴。可从村中的宗祠文化和特色的民俗文化入手，形成研学活动路线。

（2）为学生提供相关实习岗位。实习内容可包括为"坪上云间桃花坞"品牌进行新媒体的运营和规划，打响本地的品牌，也可满足当地对年轻人才的需求。

6.《五十公里桃花坞》"明星同款"社会实验（第三季取景地——"明星同款"民宿地）

活动时间：《五十公里桃花坞》播放期间。

内容要求：

（1）邀请《五十公里桃花坞》节目组来此取景，保证为期数十天的秘密拍摄，后期对取景民宿采取保密措施（在节目未开播之前，不接待客人）。

（2）待节目预热时，开通特殊预约渠道，每次邀约固定人数游客入住。

（3）在居住期间，可体验"明星同款"社会实验活动。

（4）神秘惊喜：邀请节目嘉宾返场，参与游客活动。

七、 宣传推广

（一）线上

1. 官网：设置活动专题板块，下设活动介绍。

2. 微博：发起＃我要去云上坪居＃话题讨论，微博进行图文评论转发，并＠官博，带官网报名链接，抽取幸运游客免费体验特色活动，增加转载量。

3. 小红书：邀请 KOL 来坪上云居免费体验，招募民宿"试睡官"，心动"体验官"参与活动，发表旅游攻略。

4. 抖音：发布宣传视频，让游客对坪上云居有初步印象，吸引游客。抖音直播抢秒杀 99 元民宿，为活动造势。

5. 微信：公众号发布推文，带预订链接；视频号发布宣传视频；朋友圈转发推文集赞；可免费体验 1 项特色项目。

6. 美团、飞猪等：推出 199 元邀请好友砍一刀套餐，增加品牌知名度。

（二）线下

1. 制作旅游宣传册等，并在上面印上二维码，扫描可进入官方公众号浏览相关推文介绍。

2. 在当地纸媒报纸上开辟专栏宣传，吸引周边本地游客。

3. 与各大旅行社合作，大屏幕宣传或由专业导游讲解坪上村的旅游亮点，更大范围吸引游客群。